Perspektiven der Hochschuldidaktik

Reihe herausgegeben von

Patricia Arnold, Hochschule für angewandte Wissenschaften München, München, Deutschland

Ulrike Hanke, Pädagogische Hochschule Freiburg, Freiburg, Deutschland

Jörn Loviscach, Hochschule Bielefeld, Bielefeld, Deutschland

Jörg Noller, Ludwig-Maximilians-Universität München, München, Schweiz

Immanuel Ulrich, IUBH Internationale Hochschule Frankfurt, Frankfurt am Main, Deutschland

W0051875

Die Springer-Reihe soll Raum geben für Tagungsbände und Monographien, die neue Zugänge in der Hochschuldidaktik eröffnen. Damit will die Reihe dem verstärken Interesse an hochschuldidaktischen Entwicklungen und Herausforderungen ein adäquates Forum zur Diskussion bieten. Die Reihe ist ausdrücklich interdisziplinär ausgerichtet und offen für verschiedene Ansätze, wobei die Fächer Bildungswissenschaft/Pädagogik, Psychologie, Soziologie, Sprach- und Kulturwissenschaften, Philosophie und digitale Medien im Zentrum stehen.

Jörg Noller · Christina Beitz-Radzio ·
Melanie Förg · Sandra Eleonore Johst ·
Daniela Kugelmann ·
Sabrina Sontheimer · Sören Westerholz
(Hrsg.)

Lehre und Forschung

Widerspruch oder Synergie?

 Springer VS

Hrsg.
Jörg Noller
Ludwig-Maximilians-Universität
München
München, Deutschland

Melanie Förg
München, Deutschland

Daniela Kugelmann
Ludwig-Maximilians-Universität
München
München, Deutschland

Christina Beitz-Radzio
Ludwig-Maximilians-Universität
München
München, Deutschland

Sandra Eleonore Johst
München, Deutschland

Sabrina Sontheimer
Ludwig-Maximilians-Universität
München
München, Deutschland

Sören Westerholz
Ludwig-Maximilians-Universität
München
München, Deutschland

ISSN 2524-5864   ISSN 2524-5872   (electronic)
Perspektiven der Hochschuldidaktik
ISBN 978-3-658-45555-2   ISBN 978-3-658-45556-9   (eBook)
https://doi.org/10.1007/978-3-658-45556-9

Die Deutsche Nationalbibliothek verzeichnet diese Publikation in der Deutschen Nationalbibliografie; detaillierte bibliografische Daten sind im Internet über https://portal.dnb.de abrufbar.

Planung/Lektorat: Frank Schindler
Springer VS ist ein Imprint der eingetragenen Gesellschaft Springer Fachmedien Wiesbaden GmbH und ist ein Teil von Springer Nature.
Die Anschrift der Gesellschaft ist: Abraham-Lincoln-Str. 46, 65189 Wiesbaden, Germany

Wenn Sie dieses Produkt entsorgen, geben Sie das Papier bitte zum Recycling.

Einleitung

Dieser Sammelband, der aus einem Symposium des Münchner-Dozierenden-Netzwerks aus dem Jahr 2019 hervorgegangen ist, widmet sich der Frage, wie sich Forschung und Lehre zueinander verhalten bzw. wie sie sich zueinander verhalten sollten. Denn Hochschullehrende stehen vor der Herausforderung, Forschung und Lehre in einem Spannungsfeld aus Anreizsystemen, Zeitmangel und persönlichen Interessen unter einen Hut zu bringen. Dabei wird der Renommee bringenden und karrierefördernden Forschung oftmals der Vorzug gegeben, die Lehre hingegen zum notwendigen Übel reduziert. Diese oft zu beobachtende Asymmetrie im Verhältnis von Forschung und Lehre steht in auffälligem Gegensatz zu dem Humboldtschen Bildungsideal einer Einheit von Forschung und Lehre. So oft dieses Ideal immer wieder beschworen wird, so wenig klar ist dabei, wie genau diese Einheit konkret auszusehen hätte und welche konkreten Mittel und Methoden dafür erforderlich sind. Seit einiger Zeit lassen sich im Hochschulkontext Entwicklungen beobachten, die unter der Bezeichnung „Scholarship of Teaching and Learning" (SoTL) firmieren und die die ‚Kluft' zwischen Forschung und Lehre überbrücken wollen.

Doch stehen Forschung und Lehre wirklich in einem Widerspruch? Oder ist es nicht auch möglich, dass die Forschung durch die Lehre, und die Lehre durch die Forschung profitiert, sodass zwischen beiden eine synergetische Wechselwirkung bestehen kann? Diesen Fragen wird in diesem Sammelband nachgegangen. Weitere Fragen sind folgende: Wie lassen sich Forschung und Lehre (zeitlich und mental) in Einklang bringen? Wie genau kann die Forschung in die Lehre integriert werden? Inwieweit kann man als Forschender von der Lehre lernen

oder profitieren? Inwieweit lassen sich Methoden der Lehre auf die Forschungspraxis übertragen? Wie verhalten sich Forschung und Lehre aus fachspezifischer
Perspektive zueinander?

Die Herausgeberinnen und Herausgeber hoffen, durch diesen Sammelband zur
weiteren Reflexion auf das Verhältnis von Forschung und Lehre anzuregen und
konkrete Hinweise liefern zu können, wie sich das Humboldtsche Bildungsideal
gerade auch im 21. Jahrhundert verwirklichen lässt.

Jörg Noller
Christina Beitz-Radzio
Melanie Förg
Sandra Eleonore Johst
Daniela Kugelmann
Sabrina Sontheimer
Sören Westerholz

Inhaltsverzeichnis

Hintergründe

Das Mysterium von Forschung und Lehre

Harald Lesch

Zusammenfassung

Dieser Beitrag situiert das Humboldtsche Bildungsideal im Kontext seiner Zeit. Vor diesem Hintergrund problematisiert der Beitrag gegenwärtige Entwicklungen der Universität, die mit der zunehmenden Ökonomisierung einhergehen und die unsere Autonomie der Persönlichkeitsbildung einschränken.

Schlüsselwörter

Humboldt · Bildung · Bildungsideal · Forschung · Lehre · Universität

Bei Humboldt musste der Tag deutlich mehr als 24 Stunden gehabt haben – zumindest gewinnt man diesen Eindruck, bei den Idealvorstellungen, die wir mit dem Begriff Bildung verbinden. Wir glauben, dass man das Individuum nicht nur ausbilden sollte, sondern auch *bilden,* insbesondere an der Universität. Das ist eine starke – sehr starke – Forderung. Als Humboldt angefangen hat, darüber nachzudenken, wie ein neuer preußischer Staat und seine Bürger aussehen sollten – denn aus dieser Zeit stammt die Vorstellung, dieses *Humboldtsche Bildungsideal –,* da lag Preußen in tiefer Agonie. Es war von Napoleon besiegt worden, und so stellte sich die Frage, was aus Preußen werden sollte. Humboldt hat sehr viel und tief darüber nachgedacht. Er hat einen Bildungsbegriff entwickelt, der in Deutschland sehr nachhaltig geworden und auch oft kritisiert worden

H. Lesch (✉)
Institut für Astronomie und Astrophysik, Ludwig-Maximilians-Universität München, München, Deutschland
E-Mail: lesch@usm.lmu.de

3

ist. Worum es Humboldt aber geht, ist eine völlig andere Art von Ausbildung und Bildung als wir sie heute an den Universitäten durchführen. Unsere Universitäten haben sich systematisch in sehr ökonomische Systeme verwandelt. Die Drittmittelakquise ist heute wichtiger denn je. Wir finden dort eine Art Dauerwettbewerb vor, die einer Bundesligasaison gleicht: Wer steht am Ende des Jahres oben an der Tabellenspitze? Dabei müsste man eigentlich sagen, dass es auf der Suche nach der Wahrheit gar kein Saisonende geben kann.

Humboldt konnte ein solches idealistisches Bildungsideal entwerfen, in einer Zeit, in der es noch viel weniger wissenschaftliche Disziplinen gab als heute. Dies war gerade die Zeit um 1800, als die Naturwissenschaften sich zu diversifizieren begannen. In dieser Zeit nun sollen Universitäten nach Humboldt etwas ganz Neues darstellen. Sie sollen dem Individuum eine Bildung ermöglichen, damit es mit all den neuen Entwicklungen, die noch auf es zukommen, klarkommt. Es soll also gar nicht darum gehen, dass hier irgendwelche Bildungsinhalte transportiert werden, die man dann wieder ökonomisch nutzen kann. Es geht vielmehr darum, dass sich das Individuum der Welt gegenüber sehen und mit dieser auch tatsächlich in einem engen Kontakt treten soll.

Heute haben wir es allerdings mit einem Zustand an der Universität zu tun, die extrem normiert ist, also auf das Quantitative geht, und oft ist die Frage nach der Qualität diejenige, die hinten angestellt wird. Man merkt deutlich, welche Kategorienfehler hier gemacht werden, denn zwischen Quantität und Qualität besteht ein gewaltiger Unterschied. Man kann das eine in Zahlen messen, das andere natürlich nicht. Insofern hat sich das Verhältnis von Forschung und Lehre sicherlich in der jüngsten Zeit eher verschlechtert. Das wird auch daran deutlich, dass mithilfe der großen Drittmittelmengen, die inzwischen in viele Universitäten fließen, sich die Kolleginnen und Kollegen teilweise auch von der Lehre freikaufen können. Hier gibt es ein Problem, das man nicht verschweigen kann: Wenn man in der Forschung vorne mit dabei sein will, dann muss man sich spezialisieren. Je entwickelter eine Wissenschaft ist, umso spezialisierter sind diejenigen, die Spitzenforschung betreiben. Dann stellt sich aber folgende Frage: Können diejenigen, die an der Spitze ihres jeweiligen Wissensgebietes tätig sind, für eine gewisse Zeit zurücktreten, und aus ihrer Erfahrung heraus diese neuen Erkenntnisse so in den Zusammenhang stellen, bei dem Allbekannten, dass sie das innerhalb von einer Vorlesung präsentieren können? Im Prinzip ja, aber in dem Moment, wo man von dem Forschungsinhalt zurücktritt, tritt man auch aus dem Forschungsprojekt zurück.

Humboldt hat die Problematik finanzieller Einflüsse auf Forschung und Lehre klar erkannt, und auch die Gefahr, die damit für sein Bildungsideal einhergeht. Die Universitäten müssen nach Humboldt daher unabhängig sein von allem, was um sie herum ist, sollen selber Geld verdienen können und sollen mit dem Geld das entsprechende Personal anstellen und die entsprechenden Bedingungen schaffen, dass man sich in ihr zur Persönlichkeit bilden kann. Persönlichkeitsbildung und keine Ausbildung wohlgemerkt, denn ausbilden können uns andere, bilden können wir uns nur selber.

Harald Lesch ist Professor für Astrophysik an der Ludwig-Maximilians-Universität München und Lehrbeauftragter für Naturphilosophie an der Hochschule für Philosophie München.

Ist Forschung ein Modell für die Lehre?

Ines Langemeyer

Zusammenfassung

Modelle sind Zurechtlegungen, die Idealisierungen, Simplifizierungen, Veranschaulichungen und Abstraktifizierungen umfassen. Der Beitrag fragt, wie Forschung ein Modell für die Lehre sein kann und sollte. Auch die umgekehrte Perspektive lässt sich begründen, dass Lehren ein Modell für die Forschung ist. Im Paradigma des Konstruktivismus wird etwa damit argumentiert, dass alles Wissen lernbar zu machen wäre (von Hentig), damit es überhaupt Wissen wird. In ähnlicher Weise betont die Strömung der historischen Epistemologie (Bachelard), dass Erkenntnis den Widerspruch benötigt (explizit im dialogischen Lehr-Lerngeschehen), der nicht nur Unbekanntes aufdeckt, sondern eine Denkweise unterbricht oder gar mit dieser bricht. Der Beitrag plädiert deshalb dafür, dass sich Wissenschaften damit befassen, wie das Lernen im Forschen als institutionalisierte Praxis gelebt und kultiviert wird.

Schlüsselwörter

Modelltheorie · Wissenschaftstheorie · Historische Epistemologie · Epistemologischer Bruch · Enkulturation

I. Langemeyer (✉)
Institut für Berufspädagogik und Allgemeine Pädagogik, Abteilung Allgemeine Pädagogik, Karlsruher Institut für Technologie, Karlsruhe, Deutschland
E-Mail: ines.langemeyer@kit.edu

© Der/die Herausgeber bzw. der/die Autor(en), exklusiv lizenziert an Springer Fachmedien Wiesbaden GmbH, ein Teil von Springer Nature 2024
J. Noller et al. (Hrsg.), *Lehre und Forschung,* Perspektiven der Hochschuldidaktik,
https://doi.org/10.1007/978-3-658-45556-9_2

1   Einleitung

Versteht man Forschung als ein Modell für die Lehre, ist nicht nur zu fragen,
wovon es sich abgrenzen soll, sondern auch, was es beinhaltet. Die Antwort zur
ersten Frage ist kurz und bündig: Es ist das Modell des Unterrichts, von dem
sich die Lehre in der Universität von der Lehre etwa in Schulen unterscheiden
soll (Bunia 2012). Akademische Lehre soll eine andere Form haben, die sich
aus der wissenschaftlichen Betätigung und der Befähigung zu ihr ableitet. Aus
diesem Grund wurden an Universitäten Titel wie die *venia docendi* sowie die
venia legendi im Zusammenhang mit der Habilitation eingeführt, um zu regeln,
wer selbstständig lehren darf und wer nicht.

Bekanntlich leitet sich aus der *venia legendi* ab, dass jemand Lehrveranstaltungen durchführen darf, ohne dabei unter der fachlichen Verantwortung oder
Weisung eines Universitätsprofessors/einer Universitätsprofessorin zu stehen, wie
auch, parallel zu diesen dienstrechtlich beauftragten ein Lehrangebot desselben
Fachgebiets auszutragen (Hartmer 2016, S. 277).

Wie aber lässt sich nicht nur durch Abgrenzung selbstständiger von unselbst-
ständiger Lehre bestimmen, welches Modell von Lehre im akademischen Sinn
gemeint ist? Donald Stokes (2011) etwa dividierte nach einem traditionellen
Muster Anwendungs- und Grundlagenforschung auseinander und bestimmte als
Hybrid eine Art nutzeninspirierte Grundlagenforschung. Gibt es also nicht nur
ein einziges Modell, das man anhand von existierender Forschung für die Lehre
heranziehen könnte? Und wie weit lässt sich auf Forschung basierend ein Modell
für die Lehre gewinnen?

Lehre und Forschung sind zwei Seiten der Wissenschaft. Insofern kann man
auch erst einmal fragen: Inwiefern kann *Forschung* – in ihren unterschiedlichsten
Erscheinungsformen und in ihren unterschiedlichsten Disziplinen – als ein Modell
von *Wissenschaft* angesehen werden kann? Oder anders gefragt: Ist Forschung
in einer bestimmten Form ein Modell für Wissenschaft – eigentlich naheli-
gend – aber was meint das genau? Und weiter: Wie erhält dieses Modell beim
akademischen Lehren und Lernen eine didaktische Bedeutung? Also: Wie nimmt
man dieses Modell der *Wissenschaft* als Vorbild für den *Lehr-Lernprozess*?

2   Modelle der Erkenntniserzeugung

Für die Wissenschaft bzw. für forschendes Lernen können wir die Modell-
Bildungen ganz grob wie folgt darstellen und sogar in zwei Richtungen denken:

Tab. 1 Modellbildungen für Lehre und Forschung (Eigene Darstellung)

	Modell von…	Modell für…
Forschung	Wissenschaft	Lehren und Lernen
Lernen	Kognitiven Prozessen	Wissen und Wissensentwicklung

Kurz gesagt: Das Modell des Lehrens und Lernens orientiert sich am Modell der Forschung und dabei wiederum an einem Modell der Wissenschaft. Modelle von Wissenschaft lassen sich nun anhand unterschiedlicher Disziplinen konkretisieren.

Fachkulturen (vgl. Arnold und Fischer 2004; Scharlau und Huber 2019) haben nicht nur einen Einfluss auf unser Denken, sondern auch auf unsere Wahrnehmung und hierüber wiederum auf unser Verhalten, wie wir Probleme angehen und lösen. Aus Sicht der Wissenschaftstheorie verfügen wissenschaftliche Disziplinen aber nicht nur über Fachkulturen, sondern zum Teil auch unabhängig von Disziplinen über ein Modell der Wissenserzeugung. Nach dem US-amerikanischen Wissenschaftstheoretiker Don Ihde (2006) war zu Descartes' Zeiten ein solches Modell die Camera Obscura. Wie er in dem Aufsatz *„Art precedes science"* überlegt, werden *„knowledge production activities"* erst kulturell – Ihde verweist auf die Abbildungstechniken in der Kunst – entwickelt, anschließend haben sie sich als Vorbilder in der Wissenschaft durchgesetzt. Das heißt, die Forschung hat sich ihrer bedient und für ihre Zwecke weiterentwickelt. Seit der Computer als *„epistemological engine"* (Ihde 2006) aufgekommen ist, steht jedoch nicht mehr so sehr das maßstabsgetreue Abbilden oder neutrale Registrieren, sondern eher das digitale Simulieren, Experimentieren, Designen und Entwickeln im Vordergrund (Wendler 2015).

Schon ein solch kurzer Blick in die Geschichte von Wissenschaft und Kunst erhellt, was auch der französische Wissenschaftshistoriker Gaston Bachelard (1984) verdeutlichte, dass sich das Selbstverständnis von Wissenschaft im Geschichtsprozess ändert. Er nannte dabei die impliziten Einschätzungen darüber, wie so etwas wie Evidenz entsteht, wie Wahrheit einer Beobachtung oder einer idealisierten Vorstellung zugeschrieben und wie sicher das jeweilige Wissen darüber angenommen wird, „epistemologische Überzeugungen". Bachelard (2017, S. 8) sprach z. B. bei Ansätzen, die Wahrheit mit Abbilde(r)n gleichsetzten, von der „realistischen Überzeugung"; sie manifestiere sich auch didaktisch in Leitsätzen wie: „denkt, messt, zählt, misstraut dem Abstrakten, der Regel" – und: „begeistert die jungen Leute fürs Konkrete, für die Tatsachen". Allerdings warnte er, dass eine solche Didaktik „das Denken vom schlecht gesehenen Phänomen" zu einer „schlecht gemachten Erfahrung" führe (ebd.). Denn die didaktische

Aufgabe, im Sinne der modernen Physik zu lehren, sei daran auszurichten, dass die Erkenntnis (das Gedankenkonkretum) dem Phänomen widerspreche (vgl. Langemeyer 2020).

Auch die amerikanische Wissenssoziologin Susan Leigh Star (1992) folgte in ihrer Forschung kulturtheoretischen Überlegungen. Star (2010) berichtet z. B. über die Arbeiten eines Hirnforschers aus dem 19. Jahrhundert, David Ferrier (1843–1928), der seinerzeit mit einem Modell des Gehirns Erfolg hatte. Allerdings gewann er es aus Untersuchungen an Affen. Wie man rückblickend weiß, lieferte es nicht einmal annährend exakte Beschreibungen des menschlichen Gehirns. Aber dennoch schloss Ferriers Modell eine Lücke, damit die Forschenden sich Störungsbilder wie das der Epilepsie hirnphysiologisch vorstellen konnten. Stars Studien legen ihr Augenmerk darauf, wie in Forschungszusammenhängen nicht nur einfach präzisere Definitionen gefunden, sondern auch schlecht definierte Fragen beständig neu verhandelt und Lösungen im „Zurechtschneiden" bzw. „Zuschneiden" *(tailoring),* Simplifizieren und Abstraktifizieren von wissenschaftlich-komplexen Sachverhalten manchmal zufällig oder *en passant* gefunden wurden (Star, 2010, S. 604 f.). Es gibt demnach in der Ordnung der Wissenschaft immer wieder Umbauten, Kompromissbildungen, Anpassungen, Simplifizierungen und Idealisierungen, die mithin außerwissenschaftlichen Zwecken geschuldet sind (vgl. McMullin 1985; Cartwright 1999).

Deshalb komme ich auf die Frage zurück, ob wir von Forschung ein Modell haben, das sowohl adäquat für die Wissenschaft als auch didaktisch für das Lehren und Lernen angemessen ist. Welches Modell haben wir von der Wissenserzeugung und wie wollen wir es für die Lehre in Anschlag bringen? Darüber versuche ich wiederum eine Vorstellung vom Lernen im Studium, insbesondere vom forschenden Lernen zu entwickeln.

Bevor ich hier fortfahre, ist nach diesen Einblicken in die Wissenschaftsforschung innezuhalten. Offensichtlich ist es schon schwierig, über den Prozess der Erkenntniserzeugung einheitlich und präzise bzw. wissenschaftskonform zu sprechen; er erscheint, je genauer man hinschaut, umso chaotischer und sogar unwissenschaftlich, sodass fraglich ist, wie sich Modelle des Lehrens und Lernens darüber herleiten lassen.

3   Phasenmodelle

Das von Johannes Reitinger (2013) an Dewey angelehnte Phasenmodell für die akademische Lehre ist ein Ansatz, disziplinübergreifend forschendes Lernen zu beschreiben. Es greift die Prozessstruktur des Forschens auf und stellt diese ideal-typisch dar. Es nimmt insofern auch für den Lernprozess nur idealtypisch vorweg, woran sich Lehrende orientieren sollten.

Mir erscheint dieses Modell in erster Linie an Planungsinteressen (etwa: „Was sollte wann vorkommen?") orientiert. Denn es fasst eher formale, weniger inhalt-liche und lernpsychologische Aspekte des Forschungsprozesses. Aber: Gibt es überhaupt Wissenschaftsmodelle, die klären, was erstens auf der inhaltlichen Seite des Forschungsprozesses bedeutsam ist und, zweitens, wie daraus Modelle des forschenden Lernens bzw. der Didaktik dieses Lernens gewonnen werden können?

Wenn man hierzu sucht, wird man nicht gleich fündig. Ich bin bei der Suche auf einen älteren Text gestoßen, der zumindest eine interessante Position dazu enthält. Es handelt sich um einen Vortrag aus dem Jahr 1969 zur Wissenschafts-didaktik von Hartmut von Hentig. Hier argumentierte er, „Wissenschaft [sei] auf Lerntheorie angewiesen", „genauer: auf eine Koordinierung von Sachstruktur, in der sich Wissen darstellt, und Lernstruktur, in der Wissen aufgenommen wird, wenn sie ihrem eigenen Fortschritt gewachsen bleiben will" (v. Hentig 1969, S. 13). Er argumentierte also überraschenderweise genau umgekehrt zu der These, das Modell von Wissenschaft müsse die Forschung sein und dieses wiederum Modell ein fürs forschendes Lernen.

Hören wir in seinen Vortrag hinein, um den Kontext einzuholen:

> Wird die Wissenschaft – so fragt man füglich – der objektiven Wahrheit und Kritik der Gesellschaft weiter dienen können, wenn sie zugleich in den Dienst pragmatischer, zudem untergeordneter, also bei ihr unökonomisch untergebrachter und weitgehend politisch bestimmter Aufgaben genommen wird?" (v. Hentig 1969, S. 15)

Von Hentig prangerte damals in seinem Vortrag an, was uns heute – also mehr als 50 Jahre später – immer noch als Herausforderungen bekannt ist: Die Ver-massung der Universitäten, die bedrohte Freiheit der Wissenschaft (sogar die europäische Rektorenkonferenz warnte 2019) und die diversen Erwartungen an Wissenschaft und an die akademische Ausbildung, für gesellschaftliche, politi-sche und wirtschaftliche Probleme Lösungen zu liefern, d. h. sich nicht mehr primär auf ihren eigenen Zweck der Wahrheits- und der Erkenntnissuche zu konzentrieren.

Wieso kommt von Hentig vor diesem Hintergrund auf die Idee, dass es notwendig wäre, die Wissenschaft am Modell des Lernens auszurichten? Diese Frage lässt sich freilich nur beantworten, wenn man darüber spricht, was man unter Lernen versteht. Von Hentig hielt die Förderung des rein intrinsisch motivierten Lernens für „pure Ideologie", ferner kritisiert er die Vermessung der Lehr-Lernpraxis als das „Gegenteil von Aufklärung" (v. Hentig 1969, S. 23). Stattdessen sei zu erkennen, dass es „ein notwendiges Verhältnis zwischen Erkenntnis und Lernen, genauer zwischen Wissensstruktur und Lernstruktur" gebe. So sei „Wissenschaft [...] das Verfahren, durch das ich sichern möchte, dass du siehst, was ich sehe." (v. Hentig 1969, S. 25).

Deshalb wäre „Wissenschaft [...] angewiesen auf
Mitteilung
Verständlichkeit
Gewissheit
Zusammenhang und Vollständigkeit
Spezialisierung
Verfügbarkeit
Kontinuität" (v. Hentig 1969, S. 26)

Das notwendige Verhältnis zwischen Erkennen und Lernen sei also „ein notwendiges Verhältnis zwischen der Form, in der Wissen als Wissen erscheint, und den Formen, in denen es aufnehmbar ist – also gelernt wird." (v. Hentig 1969, S. 30) Das Argument hat eine konstruktivistische Basis: „Was ‚Wissen' ist, hängt prinzipiell davon ab, wie Menschen wahrnehmen, verstehen, einsehen, behalten, und das ändert sich mit den Möglichkeiten und Bedürfnissen der Zeit, d. h. auch mit ihrem Wissen" (v. Hentig 1969, S. 30).

Von Hentig stellt also dieses konstruktivistische Moment in den Vordergrund, genauer gesagt, den ordnenden, beurteilenden, verbindenden Geist (v. Hentig 1969, S. 31). Deshalb solle sich die „Wissensstruktur nach der Lernstruktur" richten. Der lernende Geist sei kein Behälter, der beliebigen Inhalt in sich aufnehmen kann, sondern – plastischer formuliert – eine (idealisierende) Instanz, die dem Wissen eine bestimmte Form aufzwingt.

Man könnte sagen, dies ist durchaus eine Auslegung der kantschen Intervention, dass die Mechanismen, die für Objektivität verbürgen, nicht auf der Seite des Erkenntnisobjekts, sondern auf der Seite des Erkenntnissubjekts liegen. Daraus leitet sich auch die Vorstellung ab, dass wissenschaftliche Erkenntnis intersubjektiv nachvollziehbar sein müssen.

Entsprechend reduziert sich die Wissenschaft bei von Hentig darauf, ein „Instrument" der empirischen Erfahrung zu sein: „Der instrumentelle Charakter [...]

verändert den Aufbau, die Zugänge, Vorbedingungen, Zeiteinteilungen, Gewichtungen aller Wissenschaft" (v. Hentig 1969, S. 35). Entsprechend wären die „Lernstrukturen" „in den verschiedenen Epochen der Geschichte und in den verschiedenen Kulturen sehr unterschiedliche gewesen" und so könne „Wissen sehr anders sein, je nachdem wie es lernbar gemacht worden ist" (v. Hentig 1969, S. 30).

Alles Wissen muss also erst einmal lern- bzw. erfahrbar gemacht werden, was bedeutet, dass die Lernstrukturen – nicht als angeborene, sondern als kulturell erlernte Konstruktionsprinzipien – modellstehen für die Wissensstrukturen der verschiedenen Fachdisziplinen.

Im Anschluss an die eingangs skizzierte Wissenschaftsforschung halte ich es für einen tragfähigen Ansatz der Pädagogik, jegliches Wissen nicht losgelöst von der Grundlage der Lernpraxis zu sehen, es also auch in der Wissenschaft nicht als etwas ganz und gar Objektives, sondern als etwas Kulturabhängiges anzusehen.

Aber die Frage, die sich hieran notwendiger Weise anschließt, lautet: Woher kommen denn die Lernstrukturen? Was davon ist uns angeboren und was entsteht erst im Laufe unserer Entwicklung? Dies war bekanntlich die grundlegende Frage Jean Piagets und Lev S. Vygotskijs. Es ist das große Verdienst ihrer entwicklungspsychologischen Arbeiten, weitreichende Erkenntnisse dieses Gebiets erforscht zu haben.

Didaktisch sehe ich aber bis heute das Problem dieses Verhältnisses von Lernen und gesellschaftlicher Wissensentwicklung ungelöst: Kaum ein Modell geht genauer auf den Umstand ein, dass sich Wissenschaften mit ihren Wissensstrukturen und ihrer Art, Forschung zu betreiben, ja historisch *verändern* und das auch dies mit Lernen als institutionalisierter Praxis zusammenhängt.

Die Aussagen über Forschung als Modell von Wissenschaft, als Modell für Lernen bleiben einer relativ traditionellen Vorstellung von Unterricht verbunden, wenn man behauptet, dass die Wissensstrukturen in einem Fach wohldefiniert sind. „Sag mir, was Wissenschaft ist und tut, und ich leite daraus ab, was für wissenschaftliches Lernen wichtig ist." Dies ist ein einseitiger Weg für die Didaktik. Diese Didaktik lässt nicht den umgekehrten Weg zu, dass das Lernen das Verständnis von Wissenschaft mit verändert.

Jedoch: Was ist in der Umkehrung gewonnen, wenn Lernstrukturen für Wissensstrukturen modellstehen? „Sag mir, was man erlernen kann, und ich weiß, was in der Wissenschaft möglich ist." Auch dies ist ein einseitiger Weg, für den von Hentigs Wissenschaftsdidaktik stehen mag (aber nicht muss).

Egal von welcher Seite ich hier blicke: Nur wenn in diesem Modellstehen auch Veränderung mitgedacht wird, ist eigentlich erst wissenschaftliche Forschung lebendige Praxis und das Lehren und Lernen kein bloßer Reproduktionsprozess.

Das heißt: Benötigt wird ein Modell von einer sich im Fluss befindlichen Wissenschaft (als Zusammenhang, in dem Wissen entsteht) und von einem Lernen, mit dem ich das Überschreiten eines gegebenen wissenschaftlichen Forschungsstandes (bzw. Wissensstands) beschreiben kann.

Ich definiere dazu folgende Annahmen:

Forschen ist ein praktischer Prozess, bei dem man den Erkenntnisstand einer Wissenschaft überschreiten kann.

Dazu werden geeignete Forschungspraxen gesucht (also nicht gleich neue Erkenntnisse, sondern v. a. Verfahren, Untersuchungsmöglichkeiten, Arrangements, neue Instrumente etc.).

In diesem Kontext geschieht Lernen in einer Einheit von Erkennen und Verändern.

Auf diese Weise kann sowohl Lernen ein Modell für Forschen als auch Forschen ein Modell fürs Lernen sein. Ich möchte das weiter konkretisieren. Dazu stütze ich mich auf die Forschung der Kognitionspsychologin Deanna Kuhn.

Der Kern wissenschaftlicher Denkfähigkeit hat bei Kuhn folgenden Forschungsbezug. Sie schreibt:

> Der/Die Wissenschaftler/in ist (a) in der Lage, eine Theorie, die er/sie als richtig ansieht, bewusst zu formulieren, er/sie (b) weiß, welche Belege und Hinweise diese Theorie stützen oder stützen könnten und welche ihr widersprechen, und (c) kann er/sie rechtfertigen, warum die Koordination zwischen verfügbaren Theorien und Beweisstücken ihn/sie veranlasst haben, jene Theorie zu akzeptieren und andere abzulehnen, die ebenfalls eine Erklärung für dasselbe Phänomen anzugeben beanspruchen. Obwohl diese Merkmale nicht alle Aspekte wissenschaftlichen Denkens enthalten, sind diese Fähigkeiten bei der Koordination von Theorie und Beweis/Nachweis die wichtigsten und allgemeinsten Fähigkeiten, welche das wissenschaftliche Denken definieren. (Kuhn 1989, S. 674, eigene Übersetzung)

Vor diesem Hintergrund lässt sich nun Wissenschaft, Forschung und Lernen so modellieren, dass die Probleme dieser Praxis dynamisch dargestellt werden können: Ausgangspunkt ist hier, dass Lernende bzw. Forschende erste Daten und Hypothesen haben. Woher sie in diesem Moment kommen, ist hier unerheblich. Nun stellt sich aber die Aufgabe, Theorie und (empirischen) Beweis (bzw. Nachweis) zu koordinieren. Wenn die Beweisstücke die Theorie klar untermauern und keine alternative Theorie denkbar ist, dann wäre für die meisten bereits ein befriedigendes Ergebnis erreicht. Aber häufig kommt der Forschungsprozess hier erst richtig in den Fluss.

Nehmen wir an, die Forschenden werden kritischer und sehen, dass die Daten nicht zu den Hypothesen passen. Dann folgt daraus, dass entweder neue Daten zu erheben oder andere Hypothesen zu bilden sind. Oder beides.

In diesem Arbeitsschritt ist nicht selten eine Kritik an bestehen Begriffen, Methoden und Theorien notwendig. Durch die Kritik werden nicht nur Techniken, sondern auch Wahrnehmungsformen weiterentwickelt. Auch diese Erfahrung kann Anlass sein, noch weiterzudenken und auch das Paradigma, in welchem die Forschung begonnen wurde, zu hinterfragen (Abb. 1).

Gaston Bachelard zeigt dies am Beispiel der Physik und der Chemie. Für das Überschreiten des gegebenen Rahmens, den eine Forschungstradition setzt, prägt er den Begriff des „epistemologischen Bruchs" (frz. *le rupture épistémologique*). Wenn man dieses „Brechen" mit einer Forschungstradition (oder Elementen davon) als Lernbewegung beschreibt, so sind dies sicherlich die Überraschungsmomente, die „Aha-Effekte", wovon Forscherinnen und Forscher

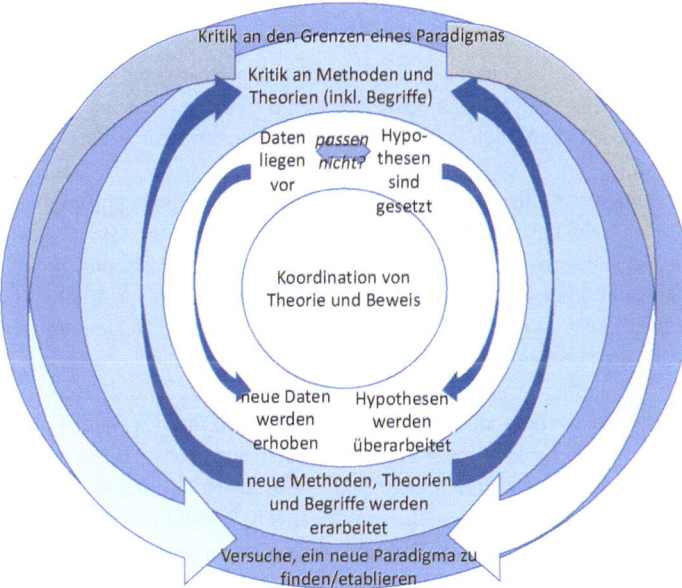

Abb. 1 Zur Koordination von Theorie und Beweis im Prozess des forschenden Lernens. (Eigene Darstellung)

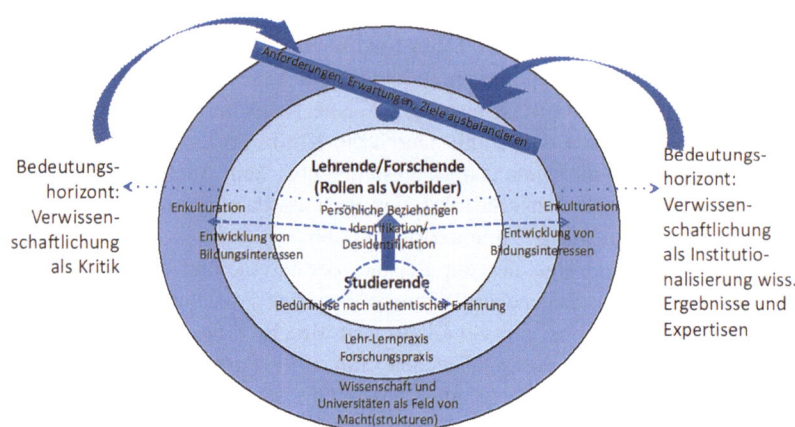

Abb. 2 Lehr-Lernbeziehungen im Kontext von Wissenschaft und Forschung. (Quelle: Eigene Darstellung)

zuweilen begeistert berichten. Weil dies schon im Rezipieren von Wissen vorkommt, kann man sagen, dass das Lernen von Studierenden, wenn sie sich in Forschung involvieren, sich nicht prinzipiell von dem Lernen der Forschenden unterscheidet.

Notwendig wird nun, auf der Basis eines geschichtlichen „epistemologischen Bruchs" das Lehr-Lernverhältnis zu modellieren. In diesem Modell sind durch die ineinander liegenden Kreise die Koordination von Theorie und Beweis, also die dynamischen Forschungs- und Lernprozesse, angedeutet (Abb. 2).

‚Darüber' liegt nun das Lehr-Lerngeschehen und die Beziehung zwischen Lehrenden und Lernenden. So beginnt nun ähnlich wie das vorherige Modell mit einer konkreten Ausgangslage im innersten Kreis. Die Perspektiven, die hier verschränkt werden, sind die des Lehrenden und die des Studierenden. Ihre Denkweisen treten im konkreten Lehr-Lerngeschehen in eine Beziehung.

Dies bedeutet, dass der Lehrende potenziell die Rolle einnimmt, die für die Studierenden ein Verhaltensmodell, eine Idealform, darstellt. Meine Annahme ist nun, dass Lehrende, indem sie Verhaltensmodelle vorleben und den Lernenden Aufgaben stellen, damit einen Enkulturationsprozess anstoßen. Wissenschaft wird also nicht direkt als Ganzes erfahren (da dies auch gar nicht möglich ist), sondern als Teil einer gesellschaftlich institutionalisierten Beziehung, einer gemeinsamen Praxis.

Dieser Kontext ist nicht hinreichend erfasst, wenn ich nur drei Momente reflektiere: Wissenschaft, Forschung und Lernen. Hinzu kommt das Lehren, oder genauer: die Lehr-Lernbeziehung, die auch nicht nur eine ganz individuelle, sondern ebenso eine gesellschaftliche Beziehung ist. Das heißt, dass sich in der Wissenschaft Lehrende wie Lernende vergesellschaften. Bedeutsam wird dies auch in der Frage des Lerninhalts: Was sie gedanklich bewegen, ist ein Denkhorizont, der nicht mehr auf rein persönlicher Erfahrung basiert. Die wissenschaftliche Erfahrung geht großenteils auch auf Erfahrungen früherer Generationen zurück, schon weil sie sprachlich reflektiert werden muss und Sprache nicht vollständig neu erfunden wird, wenn neue Erkenntnisse oder neue Lebensweisen entstehen. Sobald man die Ebene dieser gesellschaftlichen Erfahrung der Wissenschaft einführt, lässt sich besser verstehen, was auch die Forschungspraxis und die Lehr-Lernpraxis bewegt.

Lassen Sie mich also noch näher das hier gezeigte Modell erläutern. Die Beziehung zwischen Lehrenden und Studierenden ist notwendig dafür, dass überhaupt Lernen stattfindet. Dabei sehe ich davon ab, ob wir hier didaktisch durchdachtes Lehrhandeln haben oder nicht. Ich stelle stattdessen die Frage in den Vordergrund, ob sich Studierende mit dem Lehrenden und mit dem, was sie an gesellschaftlicher Erfahrung darstellen, in der konkreten Begegnung identifizieren können oder nicht. Denn nur so bauen sie eine gewisse Beziehung dazu auf.

Identifikation meint deshalb nicht so sehr die vollständige kultische Identifikation, sowie der Fan sein Idol nachahmt. Identifikation umfasst hier v. a., dass man die vom Lehrenden gesetzten Ziele auch für sich als erstrebenswert einschätzt, dass man vertraut, dass er oder sie zeigen kann, wie man diese Ziele erreicht, dass man die Haltungen, mit denen er oder sie Probleme und Fragen angeht und beurteilt, für richtig hält. In diesem Moment beginnt man, den Bedeutungshorizont des anderen zu teilen. Entsprechend bedeutet Desidentifikation, dass man all dies nicht tut und die Ziele und Haltungen eher ablehnt und der Person eher nicht sein Vertrauen schenkt. Das heißt nicht, dass man nicht durch die Ablehnung nichts lernt. Nein, im Gegenteil. Auch solche Abstoßungsmomente sind sehr bedeutsam. Man wird herausgefordert, Einwände und Kritikpunkte zu formulieren, Gegenargumente aufzubauen und zu stützen und in die persönliche Auseinandersetzung zu gehen.

Für die Wissenschaft ist die Lehr-Lernbeziehung auch auf diese Weise wichtig, denn die Entwicklung von Wissenschaften vollzieht sich, grob gesagt, in zwei sich widersprechenden Verwissenschaftlichungsprozessen, was nicht in einem logizistischen Sinne gemeint ist:

Der erste Verwissenschaftlichungsprozess lässt sich darüber beschreiben, dass Forschung Erkenntnisse hervorbringt, die in der Gesellschaft Gültigkeit erhalten. D. h. sie sind nicht nur wissenschaftlich anerkannt, sondern werden auch in die Gesellschaft in Gesetze, Regelungen, Technologien, Infrastrukturen, Berufsstrukturen usw. eingebaut. Dies ist die Institutionalisierung von Ergebnissen wissenschaftlicher Forschung.

Der zweite Verwissenschaftlichungsprozess ist mit der Kritik aufs Engste verbunden. Denn die Forschung versucht immer wieder, Irrtümer aufzudecken, mit vor- oder unwissenschaftlichen Theorien aufzuräumen und durch neue Erkenntnisse, gesellschaftliche Praxis zu verbessern. Dieser Prozess ist das von Bachelard beschrieben „Brechen" mit dem Alten, das Sprengen der vorgefundenen Formen.

Beide Momente von Verwissenschaftlichung sind unablässig und sie sind für jeden, der in der Wissenschaft forscht und lehrt, auszubalancieren. Man kann nicht nur wissenschaftliche Ergebnisse institutionalisieren und verwalten, ebenso kann man nicht ausschließlich nur Kritik üben, nur um der Kritik willen.

D. h. Hochschullehrende, sowie sie zugleich Forschende sind, nehmen in diesem Balanceakt notwendigerweise einen persönlichen Standpunkt ein, auch wenn ihr Wissen kein rein persönliches mehr ist. Welche Haltung und welchen Standpunkt sie einnehmen, dies ist wiederum ganz grob davon abhängig, wie unabhängig und selbstständig sie im Wissenschaftssystem als Forschende und Lehrende sind.

Kritik zu üben, bedeutet Unsicherheit, denn man verhält sich gegenüber anderen im Feld nicht als Verbündeter. Man fasst den Mut, wie Kant es ausdrückt, sich seines eigenen Verstandes zu bedienen.

Sich für die Institutionalisierung bestimmter wissenschaftlicher Erkenntnisse, Methoden und Ansätzen zu engagieren, ist in der Regel viel eher mit Handlungsoptionen verbunden, die einem Sicherheit bieten. Deshalb dürfte diese Tendenz eher die Oberhand im Wissenschaftssystem behalten gegenüber dem Moment der Kritik, denn Organisationen wie Universitäten sind immer auch Orte von Machtverhältnissen (vgl. Langemeyer, 2023). All dies hat m. E. eine wichtige Bedeutung für das Lehr-Lerngeschehen im Wissenschaftsbetrieb und langfristig für die Weiterentwicklung der jeweiligen Wissenschaften, wenn sie von nachfolgenden Generationen weiter betrieben werden.

Was ich also gegenüber früheren Modellen zeige, ist, das didaktische Moment der Lehr-Lernbeziehung, in dem Haltungen, Werte und Formen von Urteilsfähigkeit ins Spiel kommen, im Spannungsfeld von Institutionalisierung und Kritik zu verorten und dies zum Dreh- und Angelmoment für die Praxis der Forschung *und der Lehre* zu nehmen.

Damit weist das Modell nicht nur der Wissenschaft eine Vorbildfunktion für die Didaktik, sondern auch dem Lehren für die Forschungspraxis eine entscheidende Bedeutung zu. Denn es stellt – z. T. auch ohne bewusste Absicht des einzelnen Lehrenden – Weichen für den Nachwuchs, für dessen Zukunft und damit für die Zukunft der Wissenschaften.

In Humboldts Konzeption der Einheit von Forschung und Lehre war diese dialektische Wechselbeziehung bereits angelegt. Die entscheidende Frage für Humboldt (2010) war daher nicht nur, ob wir eine Wissenschaft haben, die Modell für die Lehre und fürs Lernen sein kann, sondern auch, ob wir (noch) ein Modell für die Wissenschaft selbst haben, die auch „Leidenschaft" und „Sehnsucht" nach ihr weckt.

Literatur

Arnold, M., und R. Fischer. 2004. *Disziplinierungen. Kulturen der Wissenschaft im Vergleich.* Wien: Turia und Kant.

Bachelard, G. 1984. *Die Bildung des wissenschaftlichen Geistes. Beitrag zu einer Psychoanalyse der objektiven Erkenntnis.* Frankfurt/M.: Suhrkamp [Original 1934, erschienen 1938].

Bachelard, G. 2017. *Surrationalismus.* Frankfurt/M.: Suhrkamp.

Bunia, R. 2012. Die Lehrbefugnis hat ausgedient. In *Frankfurter Allgemeine Zeitung,* 20.03.2012; https://www.faz.net/aktuell/feuilleton/forschung-und-lehre/umgang-mit-privatdozenten-die-lehrbefugnis-hat-ausgedient-11682809.html.

Cartwright, N. 1999. *The dappled world: A study of the boundaries of science.* Cambridge: Cambridge University Press.

Hartmer, M. 2016. Das Recht des wissenschaftlichen Nachwuchses. In *Hochschulrecht. Ein Handbuch für die Praxis.* Hrsg. M. Hartmer und H. Detmer, 241–299. Heidelberg: C.F. Müller.

Hentig, H. v. 1969. *Wissenschaftsdidaktik. Referate u. Berichte zur Tagung des Zentrums für Interdisziplinäre Forschung der Univ. Bielefeld am 11. u. 12. April 1969.* Göttingen: Vandenhoeck & Ruprecht.

Humboldt, W. v. 2010. Über die innere und äußere Organisation der höheren wissenschaftlichen Anstalten in Berlin; https://edoc.hu-berlin.de/bitstream/handle/18452/5305/229.pdf?sequence=1 (Orig. 1809/1810).

Ihde, D. 2006. Models, models everywhere. In *Simulation.* Hrsg. J. Lenhard, G. Küppers, T. Shinn, 79–86. Dordrecht: Springer.

Langemeyer, I. 2020. Bildungsprozesse in der Wissenschaft. Gaston Bachelards „fein gewirkte Pädagogik". In *Klassiker der Hochschuldidaktik? Kartographie einer Landschaft.* Hrsg. P. Tremp, B. Eugster, 143–156. Wiesbaden: Springer.

Langemeyer, I. 2023. Transdisziplinarität – eine Aufgabe für die Wissenschaftsdidaktik? In *Wissenschaftsdidaktik,* Bd. 3. Hrsg. G. Reinmann, R. Rhein, 117–138. Bielefeld: transkript.

McMullin, E. 1985. Galilean Idealization. *Studies in the History and Philosophy of Science,* 16: 247–273.

Reitinger, J. 2013. *Forschendes Lernen: Theorie, Evaluation und Praxis in naturwissenschaftlichen Lernarrangements.* Leverkusen: Verlag Barbara Budrich.

Scharlau, I. und L. Huber. 2019. Welche Rolle spielen Fachkulturen heute? Bericht von einer Erkundungsstudie. *die hochschullehre,* 5: 315–354.

Star, S. L. 1992. The Skin, the Skull, and the Self: Toward a Sociology of the Brain. In *So Human a Brain,* Hrsg. A. Harrington, 204–228. Boston, MA: Birkhäuser.

Star, S. L. 2010. This is not a boundary object: Reflections on the origin of a concept. *Science, Technology, & Human Values, 35*(5): 601–617.

Stokes, D. E. 2011. *Pasteur's quadrant: Basic science and technological innovation.* Washington, DC: Brookings Institution Press.

Wendler, R. 2015. „Es gibt Dinge, die dulden keine Herstellung in einem Modell." Zur Rolle der Geltung von Entwurfsmedien. In *Modelle und Modellierung.* Hrsg. F. Balke, B. Siegert, und Joseph Vogl, 73–83). München: Wilhelm Fink Verlag.

Ines Langemeyer studierte 1994 bis 2000 an der FU-Berlin Psychologie (Diplom) und wurde 2005 an der Helmut-Schmidt-Universität Hamburg promoviert. 2011 erhielt sie einen Ruf an die PH Ludwigsburg (gleichzeitig auch ans Deutsche Institut für Erwachsenenbildung, Bonn) auf die Juniorprofessur für Lebenslanges Lernen. 2012–2013 hatte sie die Vertretungsprofessur für Lehr-Lernforschung am KIT inne, bis sie 2013 dem Ruf auf die Professur für Erwachsenenbildung/Weiterbildung der Universität Tübingen folgte. Seit 2014 lehrt sie am KIT und verbindet pädagogisch-psychologische Lehr-Lernforschung mit den Gebieten Allgemeine Pädagogik und Berufspädagogik sowie Lehre zum Erwerb von Schlüsselqualifikationen.

„Einheit von Forschung und Lehre"?: Bildungsphilosophische Überlegungen nach Wilhelm von Humboldt

Jörg Noller

Zusammenfassung

Oft wird das Humboldtsche Bildungsideal angeführt, um die „Einheit von Forschung und Lehre" zu beschwören. Dabei bleibt jedoch unklar, was dieses Ideal eigentlich bedeutet. Dieser Beitrag rekonstruiert Humboldts Bildungsphilosophie vor dem Hintergrund der Frage nach dem Verhältnis von Forschung und Lehre und der Rolle der Universität. Im Ausgang von Humboldts Weltbegriff entwickelt der Beitrag eine Theorie von Bildung, die gleichermaßen Forschung wie Lehre berücksichtigt und aus ihrem gegenseitigen Verhältnis motiviert. Der Beitrag diskutiert abschließend, inwiefern Humboldts Bildungsideal in Zeiten zunehmender digitaler Vernetzung noch Relevanz besitzt und dafür anschlussfähig ist.

Schlüsselwörter

Humboldt • Bildung • Bildungsideal • Forschung • Lehre • Universität

1 Einleitung

Oft wird das Humboldtsche Bildungsideal angeführt, um die „Einheit von Forschung und Lehre" zu fordern oder gar zu beschwören – etwa dann, wenn einmal wieder eine „Bildungsmisere" beklagt oder bildungspolitische Entscheidungen

J. Noller (✉)
Lehrstuhl I für Philosophie, Ludwig-Maximilians-University Munich, München, Deutschland
E-Mail: joerg.noller@lrz.uni-muenchen.de

kritisiert werden. Die normative Bedeutung dieses Ideals steht allerdings in auffälligem Kontrast zu seinem begrifflichen Verständnis, sodass es „zu einem leeren
Gemeinplatz geworden" ist (Lauer 2017, S. 236). An dieser Problematik wird
deutlich, dass der Begriff der Bildung eine deskriptive wie normative Dimension
aufweist. Er beschreibt nicht nur faktisch vorliegende Prozesse des Lehrens und
Lernens, sondern qualifiziert diese anhand eines erst noch näher zu bestimmenden
Kriteriums als gelungen oder misslungen. Um die Normativität des Humboldtschen Bildungsideals zu rekonstruieren, ist es erforderlich auf weitere Begriffe
im Umkreis seines Bildungsbegriffs näher einzugehen. Insbesondere Humboldts
Begriff des Geistes und der Welt erweisen sich hier als zentral, ohne die sein
Begriff von Bildung nicht verstanden werden kann. Humboldts philosophisch-
idealistische Begrifflichkeit erschwert freilich eine explizit bildungstheoretische
Rekonstruktion seines Ideals. Ebenso mag sein Essentialismus irritieren, etwa
dann, wenn er wie selbstverständlich vom „Wesen" oder der „Natur" des Menschen spricht. Im Folgenden soll daher versucht werden, diesen Begriffen ihre
idealistische und essentialistische Schwere zu nehmen, indem sie auf den Begriff
menschlicher Freiheit bezogen werden. Denn Bildung, so Humboldts zentrale
These, ist nicht nur eine didaktische Praxis, sondern ein Grundbedürfnis freien
menschlichen Handelns.

Wie keine andere Institution steht die Universität im Fokus bildungstheo-
retischer und bildungspolitischer Diskussionen. Sie ist der Ort, wo sich das
Humboldtsche Bildungsideal zeigt, realisieren und kritisieren lässt, nicht zuletzt
wegen des bereits in ihrem Namen enthaltenen Universalismus, der gerade Einheit
in der Vielheit fordert. Die Universität ist demnach diejenige Institution, die nicht
nur Universalität ermöglicht, sondern ihr auch in aller Vielheit Einheit verleiht.

Dieser Beitrag analysiert Humboldts Bildungsphilosophie vor dem Hintergrund der Frage nach dem Verhältnis von Forschung und Lehre. Dabei werden
zentrale bildungstheoretische Schriften Humboldts daraufhin untersucht, inwiefern sich aus ihnen das Bildungsideal von Einheit und Forschung rekonstruieren
lässt. Im Ausgang von Humboldt entwickelt der Beitrag eine Theorie von Bildung, die gleichermaßen Forschung wie Lehre berücksichtigt und aus ihrem
Verhältnis motiviert. Dabei wird insbesondere auf die deskriptiv-normative Dop-
pelstruktur des Bildungsbegriffs reflektiert. Der Beitrag diskutiert abschließend,
inwiefern Humboldts Bildungsideal in Zeiten digitaler Bildung noch Relevanz
besitzt und dafür anschlussfähig ist.

2   Geist, Welt und Bildung

Humboldt thematisiert das Problem und Phänomen der Bildung mit Bezug auf seinen Begriff des Geistes und der Welt. Diese Begriffe sind alles andere als eindeutig, und stehen, ebenso wie das Humboldtsche Bildungsideal, im Verdacht, bloß leere Worte zu sein, mit denen viel rhetorischer Effekt erzielt aber nichts genauer erklärt werden kann. Dennoch lässt sich Humboldts Begriff des Geistes so rekonstruieren, dass er das Verhältnis von Individuum und Welt bestimmt und diesem Bedeutung verleiht (vgl. Noller 2018). Humboldt selbst hat das Verhältnis von Geist, Welt und Bildung in verschiedenen Texten behandelt (Humboldt 2017c, d). Von zentraler Bedeutung ist dabei die Tatsache, dass Humboldt keinen empirisch-quantitativen Begriff von Geist, Welt oder Bildung entwickelt. Vielmehr sind diese Begriffe genuin philosophische Begriffe, die Wesensaussagen über den Menschen und das Ziel seiner Entwicklung treffen und darin auch normative Geltung beanspruchen. Indem diese Begriffe zugleich Ideale setzen, erweisen sie sich als dynamisch. Sie bezeichnen keine Zustände, sondern Entwicklungstendenzen, die aus der Bestimmung der menschlichen Natur motiviert werden, insofern „die Bildung des Menschen durch ein regelmäßiges Fortschreiten Dauer gewinnt, ohne doch in die Einförmigkeit auszuarten, mit welcher die körperliche Natur, ohne jemals etwas Neues hervorzubringen, immer nur von neuem dieselben Umwandlungen durchgeht." (Humboldt 2017c, S. 12)

Humboldts Bildungsbegriff ist idealistisch und normativ zugleich. Sein Idealismus zeigt sich darin, dass der Begriff des Absoluten und Unbedingten, der sich empirisch nicht erschließen lässt, für sein Verständnis von Bildung eine zentrale Rolle spielt. Der Mensch, so Humboldt, „muss ein letztes Ziel, einen ersten und absoluten Maßstab aufsuchen, und dies Letzte muss eng und unmittelbar mit seiner innern Natur verwandt sein." (Humboldt 2017d, S. 61). Dieses ideale Streben, das eng mit Humboldts Begriff der Bildung zusammenhängt, bezeichnet er auch als „Forschungsgeist" (Humboldt 2017d, S. 61). Humboldt spricht vom *„Geist der Menschheit"* (Humboldt 2017d, S. 71), der sich im Streben nach Bildung manifestiert. Dieser Forschungsgeist dringt darauf, die Unterscheidung von Verstand und Empfindung zu überschreiten, da wahre Bildung nicht einseitig epistemische Vermögen des Menschen betrifft, sondern „unsre beste und wahrhaft menschliche Natur" (Humboldt 2017d, S. 62). Bildung ist im Gegensatz zur bloßer Ausbildung, die immer nur einzelne epistemische Vermögen betrifft, ein holistisches Phänomen und Programm, das „den ganzen Menschen in allen seinen Kräften und allen seinen Äußerungen umfasst" (Humboldt, 2017d, S. 63). Sofern Bildung alle unsere epistemischen Vermögen, also Verstand, Wille und Empfindung betrifft, betrifft sie unser gesamtes Leben. Damit meint Humboldt

freilich nicht nur unser biologisches Leben, sondern „die Energie einer leben-
digen Kraft" (Humboldt, 2017d, S. 68), die er auch als „lebendige Kraft des
Geistes" (Humboldt, 2017d, S. 72) bestimmt. Diese lebendige Kraft wiederum
bestimmt Humboldt im Sinne des Menschen „als eines freien und selbsttätigen
Wesens" (Humboldt, 2017d, S. 71).

Auch wenn der Mensch als freies Wesen im Zentrum von Humboldts Bildungstheorie steht, so ist sie dennoch nicht individualistisch. Vielmehr ist der
Mensch als freies Wesen intentional nach außen auf einen Gegenstand gerichtet,
der das Bildungsstreben im Sinne eines Komplements vervollständigt. Denken
und Handeln, d. h. geistige Wirksamkeit, ist „nur vermöge eines Dritten, nur vermöge des Vorstellens und des Bearbeitens von etwas möglich" (Humboldt 2017c,
S. 6). Dieser intentionale Gegenstand des Bildungsstrebens ist kein individuelles
Objekt, sondern die „Welt", die Humboldt auch als „Stoff" für die Form unserer
epistemischer Akte versteht (Humboldt 2017c, S. 6). Bildungsstreben im idealistischen Sinne ist daher vom Menschen auf die Welt als „Nicht-Mensch" gerichtet
und besteht darin, „so viel Welt, als möglich zu ergreifen, und so eng, als er nur
kann, mit sich zu verbinden" (Humboldt, 2017c, S. 6). Wie der Begriff der Bildung und des Geistes, so ist auch der Begriff der Welt ein idealistischer Begriff.
Die Welt ist demnach kein konkreter Gegenstand – das wäre eine realistische Auf-
fassung von Welt –, sondern ein Zielpunkt unseres Bildungsstrebens: „[N]ur die
Welt umfasst alle nur denkbare Mannigfaltigkeit, und nur sie besitzt eine so unabhängige Selbstständigkeit, dass sie dem Eigensinn unsres Willens die Gesetze der
Natur und die Beschlüsse des Schicksals entgegenstellt." Dadurch wird die Welt
zum „Gegenstand schlechthin" menschlicher Bildung (Humboldt 2017c, S. 9),
zur Bedingung *für* Objektivität, ohne dadurch *selbst* zum Objekt zu werden. Das
Mensch-Welt-Verhältnis, das Bildung relational strukturiert, kann dabei immer
auch im Sinne eines Wechselverhältnisses verstanden werden (Brenner 2023,
S. 17). Die Welt umfasst auch andere Individuen in ihrem Bildungsstreben, deren
geistige Akte von uns zwar verstanden, jedoch nie vollständig erklärt werden
können, sodass sie immer eine Mit-Welt bilden.

3   Lehre und Forschung

Humboldt diskutiert das Phänomen der Lehre entlang von verschiedenen Lehr-
institutionen bzw. „Anstalten", die er im Sinne seines idealistischen Bildungsbegriffs als „drei Stadien des Unterrichts" (Humboldt 2017b, S. 111) bestimmt.
Entscheidend ist dabei, dass Lehre ein nach eindeutigen Grenzen gestufter

Prozess ist, der sich durch Elementarunterricht, Schulunterricht hin zum Universitätsunterricht entwickelt, und zwar gemäß dem von ihm konzipierten Begriff der Bildung in ihrem Verhältnis zur Welt. Deswegen bezeichnet Humboldt die Abfolge dieses Bildungsganges auch als „natürliche Stadien" (Humboldt 2017b, S. 137). Während der Elementarunterricht rein propädeutische Funktion besitzt, insofern er nur darauf abzielt „Gedanken zu vernehmen, auszusagen, zu fixieren, fixiert zu entziffern" (Humboldt 2017b, S. 111), besteht die Aufgabe des Schulunterrichts darin, „die intellektuell-mechanischen Kräfte auszubilden" (Humboldt 2017b, S. 111). Humboldt spricht deswegen von bloß mechanischen Kräften, da er sie den geistig-lebendigen Kräften im Sinne voll entwickelter Bildung entgegensetzt. Jene Kräfte „sind nur relativ, immer einem Höheren untergeordnet, nur Sammeln, Vergleichen, Ordnen, Prüfen u. s. f." (Humboldt 2017b, S. 112), was bedeutet, dass sie dem Ideal der Welt, das Humboldt auch das „Absolute" nennt, noch nicht entsprechen. Schule hat es „nur mit fertigen und abgemachten Kenntnissen zu tun" (Humboldt, 2017e, S. 153). Daher führen Elementarunterricht und Schulunterricht nur zur *Ausbildung* unserer epistemischen Vermögen, ermöglichen aber noch nicht deren *Bildung*.

Humboldt unterscheidet mit Blick auf den Schüler zwischen zwei Arten des Lernens: „Er ist also auf doppelte Weise, einmal mit dem Lernen selbst, dann mit dem Lernen des Lernens beschäftigt." (Humboldt 2017b, S. 112) Während das Lernen als solches einem konkreten Gegenstand gilt, ist das Lernen des Lernens ein erster Schritt in Richtung universitäre Bildung. Lernen ist demnach nicht nur eine passiv-rezeptive Angelegenheit, sondern selbst Ausdruck von Freiheit: „Der Schüler ist reif, wenn er so viel bei andern gelernt hat, dass er nun für sich selbst zu lernen im Stande ist." (Humboldt 2017b, S. 112) Dies hat Auswirkungen auf das Lehrer-Schüler-Verhältnis: „Wenn also der Elementarunterricht den Lehrer erst möglich macht, so wird er durch den Schulunterricht entbehrlich." (Humboldt 2017b, S. 113)

Der Schulunterricht führt nach Humboldts dynamischem Bildungsbegriff unmittelbar zum Universitätsunterricht. Während der Schulunterricht es mit jeweils einzelnen Gegenständen zu tun hatte, ist die universitäre Lehre nicht auf einzelne Gegenstände ausgerichtet, sondern universell. Dies hat Auswirkungen auf das Verhältnis von Forschung und Lehre. Universitäre Lehre lässt sich aufgrund des in ihr enthaltenen Ideals der Welt im Sinne eines unerschöpflichen Gegenstandes unserer epistemischen Vermögen niemals nur im Sinne von Lehre verstehen, sondern immer auch als Forschung. Universitätsbildung ist daher keine spezifische Ausbildung, sondern „muss nur auf harmonische Ausbildung *aller* Fähigkeiten in ihren Zöglingen sinnen" (Humboldt 2017e, S. 159) Dies führt

Humboldt zu einer Neudefinition von Forschung und Lehre, die stark an das nach ihm benannte Bildungsideal erinnert:

> Darum ist auch der Universitätslehrer nicht mehr Lehrer, der Studierende nicht mehr Lernender, sondern dieser forscht selbst, und der Professor leitet seine Forschung und unterstützt ihn darin. Denn der Universitätsunterricht setzt nun in Stand, die Einheit der Wissenschaft zu begreifen, und hervorzubringen, und nimmt daher die schaffenden Kräfte in Anspruch. (Humboldt 2017b, S. 113)

Humboldt unterscheidet hier die Aktualisierung der „schaffenden Kräfte" von den bloß mechanischen Kräften im Schulunterricht. Universitäres Lehren wie Lernen ist strukturell teleologisch unabschließbar, ebenso wie das freie Leben keinen vordefinierten Bahnen folgt: „Daher hat der Universitätsunterricht keine Grenze nach seinem Endpunkt zu, und für die Studierenden ist, streng genommen, kein Kennzeichen der Reife zu bestimmen." (Humboldt 2017b, S. 113) Die universitäre Lehre wird demnach nicht nach konkreten Zwecken bestimmt. Sie ist keine bloße Ausbildung, sondern Bildung. Die Universität ist daher ein Ort, „der Viele, Lehrer und Lernende in sich vereinigt" (Humboldt 2017b, S. 113).

Die drei Stadien des Bildungsganges bestimmt Humboldt als einen Prozess der Freiheit. Denn während der Elementarunterricht darauf ausgerichtet ist, dass ein Schüler einem Lehrer überhaupt folgen kann, womit er ihn in eine gewisse Abhängigkeit von ihm stellt, so macht der Schulunterricht den Schüler „nach und nach vom Lehrer frei" (Humboldt 2017b, S. 138). Diese Freiheit vom Lehrer, die auch als negative Freiheit bestimmt werden kann, erweist sich dann aber mit Blick auf das Universitätsstudium als positive oder auch universale Freiheit, nämlich als diejenige Freiheit, jenseits der Grenzen eines begrenzen Gegenstandbereichs mit Blick auf die Welt zu lernen und zu forschen.

4   Universität und Ideal

In seinem Antrag auf Errichtung der Universität Berlin vom 24. Juli 1809 rechtfertigt sich Humboldt dafür, die geplante „allgemeine Lehranstalt" „mit dem alten und hergebrachten Namen einer *Universität* [zu] belegen". Der Begriff der Universität impliziert, so Humboldt, dass sie „weder Fächer ausschließen, noch von einem höhern Standpunkt, da die Universitäten schon den höchsten umfassen, beginnen, noch endlich sich bloß auf praktische Übungen beschränken [kann]" (Humboldt 2017a, S. 146). Humboldts Universitätsbegriff hängt aufs Engste mit seinem Bildungsideal und seinem Begriff der Welt zusammen. Sie ist diejenige Institution, die die gesellschaftliche Form dieses Ideals darstellt:

> Der Universität ist vorbehalten, was nur der Mensch durch und in sich selbst finden kann, die Einsicht in die reine Wissenschaft. Zu diesem Selbst-Actus im eigentlichsten Verstand ist notwendig Freiheit, und hilfreich Einsamkeit, und aus diesen beiden Punkten fließt zugleich die ganze äußere Organisation der Universitäten. (Humboldt 2017b, S. 138)

Die „Einsamkeit" von der Humboldt in diesem Zitat spricht, darf nicht mit Weltfremdheit oder Solipsismus verwechselt werden. Denn er betont gleich darauf, dass das Universitätsstudium eine Phase ist, während der man „in enger Gemeinschaft mit Gleichgestimmten" lebt. Die Metapher der Stimmung legt nahe, dass die Studierenden sich voneinander anregen lassen, ohne dass diese Anregung im Sinne von Direktiven verstanden werden darf. Humboldt betont vielmehr, dass „das geistige Wirken in der Menschheit nur als Zusammenwirken gedeiht" (Humboldt 2017e, S. 152).

Die „reine Wissenschaft", von der Humboldt ebenfalls spricht, ist nicht im Sinne einer auf einen bestimmten Gegenstandsbereich begrenzen Wissenschaft zu verstehen, wie etwa die Biologie, die Literaturwissenschaft oder die Mathematik. Vielmehr handelt es sich dabei um eine inter-, oder genauer transdisziplinäre Wissenschaft, die auf die menschliche Natur im weitesten Sinne des Wortes bezogen ist. Anders formuliert: Humboldts Wissenschaftsbegriff ist kein deskriptiv-materialer, sondern ein normativ-formaler. Er sagt nichts darüber aus, was, sondern *wie* gelehrt und gelernt werden *soll*. Diese formale Bestimmung von Lehre und Forschung erlaubt es Humboldt, Wissenschaft als einen Horizont zu verstehen, vor dem sich jede Form von Bildung zu vollziehen hat.

Die Bedeutung der Universitäten besteht darin, dass sie die Wissenschaften nicht separieren und unabhängig voneinander betreiben, sondern, „dass sie die Wissenschaft immer als ein noch nicht ganz aufgelöstes Problem behandeln und daher immer im Forschen bleiben" (Humboldt 2017e, S. 153). Nur als Ort einer solchen prinzipiell problematischen Wissenschaft kann sie Humboldts Weltbegriff gerecht werden, der uns immer wieder aufs Neue auffordert, uns weiter zu bilden.

Das spezifische Wissenschaftsideal der Universität impliziert ein gegenüber der Schule verändertes Lehrer-Schüler-Verhältnis, das ebenfalls das Verhältnis von Forschung und Lehre transformiert, denn „[b]eide sind für die Wissenschaft da" (Humboldt 2017e, S. 153). Humboldts Wissenschaftsideal impliziert daher, dass an Universitäten nicht streng zwischen Forschung und Lehre unterschieden werden kann. Denn eine solche Aufgabenteilung würde bedeuten, dass ein Weltbegriff etabliert wird, der selbst nur regionale Einteilungen kennt, dabei aber das Ganze aus den Augen verliert und so zu bloß „mechanischen" Ausbildungsprozessen führt.

5   Schluss: Welt, Netz und Bildung

Wie im Vorigen gezeigt wurde, hängt Humboldts Bildungsbegriff wesentlich mit seinem Weltbegriff zusammen. Seine Normativität erhält der Bildungsbegriff im Spannungsfeld von Individuum und Welt. Das Individuum soll diesem Verhältnis nach einen Weltbezug etablieren, der zu einer möglichst großen Verbindung führt, die aber aufgrund der Unabschließbarkeit der Welt niemals statisch und abgeschlossen ist, sondern sich als ein Streben manifestiert. Humboldt bestimmt das Strebens- und Vermittlungsverhältnis von Individuum und Welt als Geist, der sich etwa in Sprache und Geschichte manifestiert (vgl. Noller 2018, S. 138).

Zur weiteren Bestimmung von Humboldts Weltbegriff lohnt es sich, diesen auf Immanuel Kants wirkmächtigen Weltbegriff sowie auf die durch das Internet immer mehr vernetzte digitale Lebenswelt zu beziehen, die Luciano Floridi als „Infosphäre" (Floridi 2015) bezeichnet hat. Immanuel Kant unterscheidet zwischen einem Schul- und einem Weltbegriff von Philosophie, der sich auf Humboldts Bildungsbegriff übertragen lässt. Während die Philosophie nach ihrem Schulbegriff ein begriffliches System von philosophischen Erkenntnissen ist, welches uns aus theoretischer Sicht interessieren mag, weil sie begriffliche „Geschicklichkeit" zeigt und „Nützlichkeit" bringt – also in Humboldts Begrifflichkeit nur mechanische Kräfte ausbildet –, ist die Philosophie nach ihrem Weltbegriff nichts für bloße „Vernunftkünstler", wie Kant sagt, sondern für solche, die in ihrem Denken und Handeln autonom sind. Damit meint Kant, dass der Weltbegriff der Philosophie uns erst diejenige Orientierung ermöglicht, die uns „einen absoluten Wert" erkennen lässt, und nicht nur Werte als Mittel zum Zweck (Kant 1800, S. 23). Eben dieser philosophische Weltbegriff entspricht Humboldts Ideal eines absoluten Maßstabs, nach dem der Mensch in der Bildung streben soll. Im Gegensatz zu Kant allerdings, der seinen Weltbegriff eng an die Normativität der Moral bindet, erfasst deren Normativität nach Humboldt nicht den ganzen Menschen: „Denn obgleich der moralische Wert allein alle menschliche Würde bestimmt, so ist er doch nur auf einen Teil unsres Wesens, nur auf die Gesinnung, eingeschränkt." (Humboldt 2017d, S. 63). Humboldts Bildungsideal fordert daher nicht nur moralische Autonomie im Handeln, sondern auch epistemische Autonomie im Denken.

Vor dem Hintergrund von Humboldts Weltbegriff kann das Verhältnis von Forschung und Lehre genauer bestimmt werden. Ihre Einheit besteht darin, dass beide Formen eines Strebens sind, das Humboldt „Forschungsgeist" (Humboldt 2017d, S. 61) nennt, der auf Welterschließung ausgerichtet ist. Da die Welt nach Humboldt keinen Gegenstand darstellt, der ermessen werden kann, sondern vielmehr einen Horizont und ein Ideal darstellt, sind Lehre und Forschung intentional gleichgerichtet. Sie stellen keine voneinander kategorisch verschiedenen Praktiken dar, sondern sind nur zwei Aspekte desselben Bildungsstrebens und Forschungsgeistes. Wer etwas lehrt, das, wie die Welt, unerschöpflich ist, der wird im Lehren immer auch forschen. Wer die Welt erforscht, der wird danach streben, seine vorläufigen Erkenntnisse an andere durch Medien wie Sprache und Schrift zu vermitteln. Es entsteht damit im Idealfall ein Bildungsdiskurs, an welchem andere Subjekte der Bildung partizipieren können, die ihrerseits wiederum den Horizont der Welt vergrößern. Anders verhält es sich dagegen mit Forschung und Lehre im Bereich der Schule. Denn da es die Schüler dort mit „fertigen und abgemachten Kenntnissen zu tun" haben (Humboldt, 2017e, S. 153), die gerade nicht welthaft sind, sondern nur regionale Bedeutung haben, ist eine strenge Trennung von Lehre und Forschung möglich.

Durch die zunehmende mediale Durchdringung und Vernetzung unserer Lebenswelt stellt sich die Frage, wie Humboldts Welt- und damit auch Bildungsbegriff angesichts der Digitalisierung, insbesondere des Internets, noch Geltung beanspruchen kann. Denn durch die digitale Vernetzung mit dem Internet wird ein Weltbezug im Sinne eines absoluten Maßstabs, dem wir uns im Bildungsstreben annähern können, immer problematischer. Die digitale Lebenswelt suggeriert zwar einen Weltbezug durch mediale Vernetzung, doch unterliegt dieser Zugang selbst fremden Bestimmungen und ist somit kein Ausdruck von Autonomie, sondern von Heteronomie.

Jürgen Habermas hat den neuen, digitalen Strukturwandel der politischen Öffentlichkeit durch Bezug auf den zugrunde liegenden Weltbegriff problematisiert:

> In einer schwer vorstellbaren ‚Welt' von Fake News, die nicht mehr als solche identifiziert, also von wahren Informationen unterschieden werden könnten, würde kein Kind aufwachsen können, ohne klinische Symptome zu entwickeln. Es ist deshalb keine politische Richtungsentscheidung, sondern ein verfassungsrechtliches Gebot, eine Medienstruktur aufrecht zu erhalten, die den inklusiven Charakter der Öffentlichkeit und einen deliberativen Charakter der öffentlichen Meinungs- und Willensbildung ermöglicht. (Habermas 2021, S. 499)

Die zunehmend mediale Verfasstheit unserer Lebenswelt führt dazu, dass unser Weltbegriff problematisch wird. Bildung bedeutet insofern nicht mehr nur, sich mit der Welt im Bildungsstreben zu verbinden, sondern zunächst Scheinwelten als solche zu identifizieren und zu enttarnen. Denn durch den Einsatz Künstlicher Intelligenz entstehen Informationsblasen, die uns vorspielen, die Welt zu sein, wobei sie im Grunde nur nach ökonomisch verfahrenden Algorithmen – in Humboldts Begrifflichkeit „mechanischen Kräften" – funktionieren. Eli Pariser hat dieses Phänomen der Scheinwelt der Filterblasen folgendermaßen beschrieben:

> Der Grundcode des neuen Internets ist recht simpel. Die neue Generation der Internetfilter schaut sich an, was Sie zu mögen scheinen – wie Sie im Netz aktiv waren oder welche Dinge oder Menschen Ihnen gefallen – und zieht entsprechende Rückschlüsse. Prognosemaschinen entwerfen und verfeinern pausenlos eine Theorie zu Ihrer Persönlichkeit und sagen voraus, was Sie als Nächstes tun und wollen. Zusammen erschaffen diese Maschinen ein ganz eigenes Informationsuniversum für jeden von uns – das, was ich die Filter Bubble nenne – und verändern so auf fundamentale Weise, wie wir an Ideen und Informationen gelangen. (Pariser 2012, 17)

Das „eigene Informationsuniversum", von dem Pariser spricht, ist nichts anderes als eine private Welt, die Bildung im Humboldt'schen Sinne unmöglich macht, da sie keinen authentischen Weltbezug ermöglicht, der uns absolut herausfordert, erstaunt bzw. irritiert und in unserem Bildungsstreben motiviert. Vielmehr wird darin das Individuum nur auf sich *selbst* – wenn auch vielfach vermittelt – bezogen. Sie ist nur scheinbar ein Raum digitaler Öffentlichkeit, doch besteht gerade in dieser Täuschung die ganze Problematik: Wir können nicht mehr erkennen, was unsere eignen Gesetze sind, nach denen wir in unserem Bildungsstreben verfahren und was fremde Gesetze sind. Unsere Fähigkeit zur epistemischen Autonomie und Bildung geht dadurch unmerklich verloren – nicht unmittelbar, sondern schleichend und technologisch vielfach vermittelt.

Literatur

Brenner, Dietrich. (2023). *Wilhelm von Humboldts Bildungstheorie. Eine problemgeschichtliche Studie zum Begründungszusammenhang moderner Anthropologie, Gesellschaftstheorie und Bildungsreform.* 4. Auflage. Weinheim/Basel: Beltz.
Floridi, Luciano. 2015. *Die 4. Revolution. Wie die Infosphäre unser Leben verändert.* Berlin: Suhrkamp 2015.

Habermas, Jürgen. 2021. Überlegungen und Hypothesen zu einem erneuten Strukturwandel der politischen Öffentlichkeit. In *Ein neuer Strukturwandel der Öffentlichkeit? Leviathan Sonderband*, Hrsg. Martin Seeliger u. Sebastian Sevignani, 470–500. Baden-Baden: Nomos.

Humboldt, Wilhelm von. 2017a. Antrag auf Errichtung der Universität Berlin. In Wilhelm von Humboldt, *Schriften zu Bildung*, Hrsg. G. Lauer, 143–151. Ditzingen: Reclam.

Humboldt, Wilhelm von. 2017b. Der Königsberger und der Litauische Schulplan. In Wilhelm von Humboldt, *Schriften zu Bildung*, Hrsg. G. Lauer, 110–142. Ditzingen: Reclam.

Humboldt, Wilhelm von. 2017c. Theorie der Bildung des Menschen. In Wilhelm von Humboldt, *Schriften zu Bildung*, Hrsg. G. Lauer, 5–12. Ditzingen: Reclam.

Humboldt, Wilhelm von. 2017d. Über den Geist der Menschheit. In Wilhelm von Humboldt, *Schriften zu Bildung*, Hrsg. G. Lauer, 61–72. Ditzingen: Reclam.

Humboldt, Wilhelm von. 2017e. Über die innere und äußere Organisation der höheren wissenschaftlichen Anstalten in Berlin. In Wilhelm von Humboldt, *Schriften zu Bildung*, Hrsg. G. Lauer, 152–200. Ditzingen: Reclam.

Kant, Immanuel. 1800. Logik. In *Akademie-Ausgabe*. Bd. 8, Hrsg. Preußische Akademie der Wissenschaften. Berlin: De Gruyter 1900.

Lauer, Gerhard. 2017. Das Humboldtsche Bildungsideal. In Wilhelm von Humboldt, *Schriften zu Bildung*, Hrsg. G. Lauer, 236–237. Ditzingen: Reclam.

Noller, Jörg. 2018. Die Form des Geistes. Humboldts transzendentale Bedeutungstheorie. In *Die Aktualität des Geistes. Klassische Positionen nach Kant und ihre Relevanz in der Moderne*, Hrsg. Jörg Noller und T. Zwenger, 126–138. Freiburg/München: Alber.

Pariser, Eli. 2012. *Filter Bubble. Wie wir im Internet entmündigt werden.* Übers. v. Ursula Held. München: Hanser.

Jörg Noller promovierte und habilitierte sich an der LMU München im Fach Philosophie. Er lehrt und forscht zur Praktischen Philosophie und zur Philosophie der Digitalität. Seit 2022 ist er Privatdozent für Philosophie an der LMU München und vertrat seitdem Lehrstühle für Praktische Philosophie und Ethik an den Universitäten Konstanz und Augsburg.

Unabsichtliche Kognitionen in Lehr- und Forschungspausen? – Von nicht-intentionalen Verarbeitungsprozessen im Hochschulkontext

Jana Antosch-Bardohn

Zusammenfassung

Der ständige Wechsel von Forschungs- und Lehrtätigkeiten bestimmt den beruflichen Alltag wissenschaftlicher Mitarbeiterinnen und Mitarbeiter. Selten kann eine Aufgabe in einer einzigen Arbeitsphase vollendet werden. Ständig zwingen uns äußere Umstände dazu, kognitive Verarbeitungsprozesse einer gerade ausgeübten Tätigkeit zu unterbrechen. Doch geht diese Unterbrechung der Tätigkeit zwingend mit einem Abbruch der kognitiven Beschäftigung einher? In der Regel gehen wir davon aus, dass kognitive Prozesse intentional passieren. Dies gilt jedoch nicht exklusiv, kognitive Aktivierungsausbreitung passiert auch unabsichtlich. Es stellt sich die Frage, inwieweit beim Ausüben von Lehrtätigkeiten nicht-intentional über Forschung nachgedacht wird sowie bei forschenden Tätigkeiten nicht-intentionale lehrbezogene Gedanken auftreten. Zur Beantwortung dieser Frage wird in diesem Artikel eine empirische Forschungsarbeit herangezogen, die nicht-intentionale Prozesse im Studienalltag untersucht. Aus den Ergebnissen wird abgeleitet, wie Forschende und Lehrende nicht-intentionale kognitive Verarbeitungsprozesse anregen können und alltägliche Unterbrechungen als Ressource für unabsichtliche kognitive Nebeneffekte genutzt werden.

J. Antosch-Bardohn (✉)
Ludwig-Maximilians-Universität München, München, Deutschland
E-Mail: antosch-bardohn@profil.lmu.de

© Der/die Herausgeber bzw. der/die Autor(en), exklusiv lizenziert an Springer Fachmedien Wiesbaden GmbH, ein Teil von Springer Nature 2024
J. Noller et al. (Hrsg.), *Lehre und Forschung*, Perspektiven der Hochschuldidaktik,
https://doi.org/10.1007/978-3-658-45556-9_4

1 Unterbrechungspausen im universitären Alltag

Die Arbeit an der Universität bringt bekanntermaßen viele höchst unterschiedliche Tätigkeitsfelder mit sich: Wissenschaftlich Tätige lehren, forschen, beraten, prüfen, vertreten ihre Hochschule auf Konferenzen, arbeiten in Ausschüssen u.v.m. Viele wissenschaftliche Mitarbeiter*innen kennen die Situation, dass sie als Forschende eine komplexe Problemlösephase im Rahmen ihrer Forschungstätigkeit unterbrechen müssen, da eine in Kürze anstehende Lehrveranstaltung ihre Aufmerksamkeit erfordert. Oder es muss die gewissenhafte didaktische Vorbereitung einer Lehrveranstaltung reduziert werden, weil eine Call-for-Paper-Deadline für ein wichtiges Forschungsprojekt naht. Vielleicht wird mitunter eine Lehrveranstaltungs-Sitzung als unwillkommene Zwangsunterbrechung unseres Schreibflows empfunden. Es ist herausfordernd, sich kognitiv mit der jeweiligen Tätigkeit genau dann auseinanderzusetzen, wenn sie durch Termine oder andere äußere Umstände in den Fokus gerückt wird. Jedoch können der Wechsel der Tätigkeiten und damit der kognitive Abstand zu einem Thema unbeabsichtigte Auswirkungen haben. Zusätzlich zu intentionalen Verarbeitungsprozessen existieren kognitive Prozesse, die in Verarbeitungspausen ohne geplante Absicht, also nicht-intentional auftreten. So kann es sein, dass sich Personen ohne einen ersichtlichen Grund in einer Lehrveranstaltungssitzung an ihre Forschungsthematik erinnern, unwillkürlich eine neue Hypothese aufstellen oder einen Geistesblitz haben, wie sie ihre Forschungsfrage operationalisieren können. Andere gewinnen bei der Auswertung ihrer Forschungsergebnisse plötzlich eine Idee, wie sie den Einstieg einer Lehrveranstaltung zu einem eher trockenen Thema lebendig gestalten oder ihnen fällt ein treffendes Beispiel ein, anhand dessen eine wissenschaftliche Theorie für die Studierenden plausibel nachzuvollziehen ist. Diese unvermittelten Einfälle können das Resultat von nicht-intentionalen kognitiven Prozessen in der Verarbeitungspause sein. Pausen, in denen Fragestellungen oder Probleme unbewusst weiterarbeiten, werden in der Kreativitätsforschung als Inkubationspausen bezeichnet (Antosch-Bardohn, 2021). Analog dazu sind Lehrtätigkeiten Inkubationsphasen zu Forschungstätigkeiten und forschende Tätigkeiten Inkubationspausen von Lehraufgaben. Es stellt sich die Frage, inwieweit Unterbrechungen, also Verarbeitungspausen, positive Nebeneffekte aufweisen können.

2   Theoretische Basis

Als Grundlage für die Untersuchung, inwieweit Lehrtätigkeiten als Inkubationspause für Forschungstätigkeiten sowie forschende Tätigkeiten als Inkubationsphase für die Lehre wirken, wird zunächst die theoretische Basis dargelegt.

2.1   Grundmechanismen kognitiver Verarbeitungsprozesse

Eine einflussreiche Theorie zur Erklärung von kognitiven Verarbeitungsprozessen ist die Adaptive control of thought (ACT) – Theorie von J.R. Anderson (1982, 1983, 2000). Sie beschreibt, dass in unserem Gehirn ein potenziell unendlich großes Netzwerk an Knotenpunkten existiert, welche auf unterschiedliche Weise und in unterschiedlicher Stärke miteinander verknüpft sind. Mit der Wahrnehmung eines Reizes werden Knotenpunkte aktiviert und automatisch weitere Gedächtnisknoten mitaktiviert, die in starker Verbindung zu den ersten aktivierten Knoten stehen. Dieses Prinzip wird als Aktivierungsausbreitung bezeichnet („Spreading activation"; Anderson, 1983, S. 261). Je häufiger ein Knotenpunkt aktiviert wird, desto stärker ist seine Aktivierungsenergie. Aktivierungsausbreitungen finden ohne proaktive Handlungen statt, sie breiten sich von selbst aus und benötigen keine Intentionalität (Anderson, 1982, 1983).

Alles, was über Aktivierungsausbreitung aktiviert wird, kann potenziell abgerufen und damit erinnert werden (Mandl et al., 1994). Je häufiger eine Verbindung bzw. ein Knotenpunkt aktiviert wird, desto einfacher kann er wieder abgerufen werden. Aus lerntheoretischer Perspektive bedeutet dies, dass wir mit jeder stärkeren Verbindung eine Information besser behalten – Aktivierungsausbreitung kann somit als Lernprozess bezeichnet werden. *Explizites* Lernen findet statt, wenn wir eine Verknüpfung aktiv so lange wiederholen, bis wir sie sicher behalten.

Im Hochschulkontext gehen wir davon aus, dass Lernprozesse explizit und intentional passieren. Dies gilt jedoch nicht exklusiv, Aktivierungsausbreitung passiert auch unabsichtlich. Wissenselemente, die sich auf einem erhöhten Aktivierungsniveau befinden, aktivieren in einer Inkubationsphase ohne Intention weitere Knotenpunkte (Moss et al., 2007). Dies kann dazu führen, dass neu aktivierte Wissenselemente zu einem anderen Zeitpunkt unabsichtlich in das Bewusstsein dringen und somit nicht-intentional gelernt wird.

2.2   Nicht-intentionale Lernprozesse

Es ist davon auszugehen, dass in unserem Leben fortwährend nicht-intentionale und unbewusste Vorgänge stattfinden (Aarts & Custers, 2012; Bargh et al., 2001; Westen, 1999). Wir erwerben ständig intuitives Wissen ohne eine konkrete Absicht gebildet zu haben. Im Alltag nehmen wir jederzeit bewusst oder unbewusst Impulse auf, die nicht-intentionale Verarbeitungsprozesse auslösen können (Davou, 2002). Nicht-intentionale Lern- und Verarbeitungsprozesse finden somit im Alltag komplementär zu intentionalen Lerntätigkeiten statt.[1] Sie treten *nach* einer initialen, intentionalen Beschäftigung mit den Inhalten in das Bewusstsein, also in den (Inkubations-) Pausen (Antosch-Bardohn, 2019). Zu diesen nicht-intentionalen Prozessen gehören unbeabsichtigte Kognitionen zum Thema, die in das Bewusstsein eintreten, wenn sich die Person gerade in einer anderen Situation befindet. Menschen erinnern sich dann beispielsweise plötzlich an ein vergangenes Erlebnis oder gewinnen eine neue Erkenntnis bzw. Einsicht zu einer Fragestellung. Diese sogenannten unwillkürlichen Erinnerungen und Einsichten sind Resultate von kognitiven Verarbeitungsprozessen in der Inkubationsphase, in der sich die Person nicht absichtlich mit dem Thema beschäftigt. Inkubationsprozesse, unwillkürliche Erinnerungen und Einsichten sind Bestandteile nicht-intentionalen Lernens.

---

[1] Inzidentelle und implizite Lernprozesse sind ebenfalls Lernformen, die ohne Intention ablaufen, jedoch nicht den in diesem Artikel behandelten nicht-intentionalen Lernprozessen entsprechen. *Inzidentelles* Lernen ist eine Lernform, in der Lernende in einer einmaligen Situation und einer zeitlich sehr kurzfristigen Beschäftigung mit dem Lernmaterial Wissen beiläufig und ohne Absicht erwerben (Kerka, 2000; Marsick & Watkins, 2001; Röhr-Sendlmeier & Käser, 2012). Beim *impliziten* Lernen steht ebenso wie beim expliziten intentionalen Lernen eine intensive längerfristige Beschäftigung mit dem Lernmaterial im Vordergrund (Meier & Cock, 2014; Oerter, 2000; Reber, 1967). Allerdings ist den Lernenden nicht bewusst, was sie lernen. Inzidentelles Lernen bezieht sich in der Regel auf den Erwerb deklarativen Wissens, implizites Lernen auf den Erwerb prozeduralen Wissens (Röhr-Sendlmeier & Käser, 2012).

2.2.1 Inkubationsprozesse

In kreativen Problemlöseprozessen wird die Pause zwischen einer intensiven Problemspezifizierung und der Lösungsfindung als Inkubation bezeichnet (Posner, 1976). Lehrende und Forschende sehen sich in ihrem universitären Alltag ständig vielfältigsten Problemstellungen gegenüber, mit denen sie kreativ umgehen müssen (Antosch-Bardohn, 2021): „Mit welchem Studiendesign kann ich meine Forschungsfrage bestmöglich beantworten?", „Wie interpretiere ich meine Ergebnisse und stelle den Bezug zur Theorie dar?", „Wie motiviere ich die Studierenden in meiner Lehrveranstaltung für das Thema?" oder „Wie gestalte ich in meinem Seminar aktive Lernprozesse?" um nur einige exemplarische Fragestellungen zu nennen.

In einem idealtypischen kreativen Problemlöseprozess wird nach der anfänglichen Auseinandersetzung mit dem Problem in der Inkubationsphase Abstand davon genommen. Doch auch in dieser Phase des Abstandes passieren weitere Verarbeitungsprozesse:

> *„Incubation refers to cases in which a problem is set aside temporarily after an initial impasse is reached. The problem can then be solved more easily when attention is returned to it, or a solution may suddenly burst into the problem solver's awareness even without intentionally returning to the problem"* (Finke et al., 1992, S. 49).

Die Inkubationsforschung zeigt, dass in der Phase der Pause – auch wenn es keine Pause im eigentlichen Sinn ist, sondern vielmehr die Beschäftigung mit einem anderen Thema – mehr als „nichts" passiert und fünf verschiedene Mechanismen wirken können:

1. Pausen bzw. die Abwechslung von Tätigkeiten wirken inhaltsbezogenen Ermüdungserscheinungen entgegen. Ebenso wie das verteilte Lernen im Vergleich zu dem massierten Lernen positive Effekte hat, erhöht sich auch bei Problemlöseprozessen nach einem gewissen Abstand die Wahrscheinlichkeit, die Inhalte wieder aufmerksamer zu verarbeiten (Janiszewski et al., 2003). Nach einer Pause wird einerseits das Thema unter einer neuen Perspektive betrachtet, andererseits erhöht sich die Chance einer tieferen Verarbeitung.
2. In Pausen kann das Thema unabsichtlich erinnert werden (Antosch-Bardohn, 2018; Antosch-Bardohn & Stegmann, 2015; Berntsen, 1996). Das unwillkürliche Erinnern eines Inhaltes wird zwar häufig vergessen (Hélie & Sun, 2010;

Ross, 1984), jeder erneute Abruf des Themas kann jedoch positive Effekte auf das Erkennen neuer Zusammenhänge haben.

3. In einer Inkubationsphase laufen unbewusste Denkprozesse ab, die Aktivierungsausbreitungen und Restrukturierungsprozesse mit sich bringen (Sio & Ormerod, 2009). Damit werden vorher deaktivierte Wissenselemente aktiviert, die zu einer Lösungsfindung beitragen können.

4. Eine Pause wirkt kognitiven Fixierungen entgegen. Durch den Abstand vom Thema bzw. durch den Wechsel der Tätigkeiten nehmen dysfunktionale Wissensstrukturen ab, was ein Aktivieren zuvor blockierter Wissenselemente erleichtert (Storm & Angello, 2010).

5. Aufgrund einer inhaltlichen Sensibilisierung für das Thema können in der Inkubationsphase Reize aus der Umgebung neue Verknüpfungen provozieren und zu neuen Erkenntnissen und Lernprozessen führen (Christensen & Schunn, 2005; Moss et al., 2007; Seifert et al., 1995).

Rückschluss auf eine wirkungsvolle Inkubationsphase können wir durch kognitive Alltagsphänomene wie unwillkürliche Erinnerungen und Einsichten ziehen (Guilford, 1979; Kamiya, 2014). Auf diese beiden Kognitionsformen wird in den nun folgenden zwei Abschnitten eingegangen.

2.2.2 Unwillkürliche Erinnerungen

Unwillkürliche Erinnerungen sind Kognitionen, die ohne Absicht in unser Bewusstsein treten (Ball & Little, 2006; Kvavilashvili & Mandler, 2004; Roediger, 2008). Studien zeigen, dass diese nicht-intentionale Erinnerungsform auch im Alltag von Studierenden und Lehrenden auftritt – also eine ganz normale Erscheinung ist (Berntsen & Rubin, 2002; Eren, 2010; Eren & Yesilbursa, 2013). Ein Auslöser für das Auftreten unwillkürlicher Erinnerungen ist, dass diese Erinnerungen noch nicht im Langzeitgedächtnis konsolidiert sind (Conway, 2005). Schlagman & Kvavilashvili (2008) nehmen zudem an, dass unwillkürliche Erinnerungen durch eine unbewusste Aktivierungsausbreitung als Reaktion auf einen internalen oder externalen Stimulus entstehen. In einigen Untersuchungen konnten erkennbare Umweltreize identifiziert werden, die einzelne Erinnerungen mit großer Wahrscheinlichkeit ausgelöst haben (Ball & Little, 2006; Kvavilashvili & Mandler, 2004; Mace, 2005; Schlagman et al., 2009).

Kamiya (2014) formuliert zwei Hauptfunktionen unwillkürlicher Erinnerungen: die Identitätsfunktion und die Anpassungsfunktion. Sie liefern somit Informationen zum Selbst (Identitätsfunktion) und erinnern die Person an wichtige Informationen aus der Vergangenheit (Anpassungsfunktion), was zukünftiges

Denken und Handeln steuert (Kamiya, 2014; Mace & Atkinson, 2009; Rasmussen & Berntsen, 2009). Kamiya lässt unberücksichtigt, dass unwillkürliche Erinnerungen darüber hinaus eine Lernfunktion erfüllen, denn jeder Gedanke, ob intentional oder nicht-intentional, bringt die Benutzung von Gedächtnisspuren mit sich und ist ein kleiner Lernprozess (Anderson, 1982, 1983; Antosch-Bardohn, 2018). Unwillkürliches Erinnern ist somit eine Art freies, unabsichtliches und spontanes Lernen. Zu untersuchen ist, ob beim Erwerb von Wissen nicht-intentionale Wissensanwendungen, die in Pausen stattfinden, eine Rolle spielen.

Eine weitere nicht-intentionale Lernform, die Inkubationsphasen begleiten können, ist das Gewinnen von Einsichten.

2.2.3 Einsichten

Als Einsicht wird in der Kreativitätsforschung neu konstruiertes Wissen bezeichnet, das häufig in einer Phase ohne bewusste Beschäftigung mit dem Gegenstand bzw. dem Problem plötzlich und unvorhersehbar in das Bewusstsein tritt (Mayer, 1995; Sio & Ormerod, 2009). Zumeist geht das Erfahren einer Einsicht mit einer positiven emotionalen Verfassung, einem Gefühl der Zuversicht, dass die Erkenntnis richtig ist sowie mit einer gewissen Leichtigkeit einher (Topolinski & Reber, 2010). Mit einer Einsicht gelangt die Person von einem Zustand des Nicht-Wissens in einen Zustand des Wissens und des Verstehens:

> *„The concept of insight is closely related to understanding and comprehension. To gain insight is to understand (something) more fully, to move from a state of relative confusion to one of comprehension"* (Dominowski & Dallob, 1995, S. 37).

Es ist davon auszugehen, dass im universitären Alltag der Studierenden und Lehrenden nicht nur intentionale Wissenskonstruktionsprozesse ablaufen, sondern auch nicht-intentionales einsichtsvolles Lernen erfolgt, dass durch das Gewinnen plötzlicher Einsichten entsteht (Ash et al., 2012).

Ausgehend von dieser theoretischen Basis stellt sich die Frage, welche Faktoren nicht-intentionales Lernen, also Inkubationsphasen, unwillkürliche Erinnerungen und Einsichten, im Hochschulkontext beeinflussen.

2.3   Einflussfaktoren nicht-intentionaler Prozesse

Als Einflussfaktoren sind bei der Untersuchung von Inkubationsphasen, unwillkürlichen Erinnerungen und Einsichten der zeitliche Abstand zur initialen Beschäftigung mit dem Thema, die Art der Aktivität in der Verarbeitungspause sowie persönliche Eigenschaften der Person in Betracht zu ziehen.

2.3.1   Einflussfaktor zeitlicher Abstand

Für Wissenschaftler*innen stellt sich die Frage, welche Länge eine Pause bzw. die Unterbrechung der Tätigkeit optimalerweise haben sollte. Sio et al. (2016) untersuchten kreative Problemlösephasen und die Effekte verteilten Problemlösens im Vergleich zu massierten Problemlösens mit unterschiedlich langen Inkubationsphasen. Verteiltes Problemlösen war dabei dem massierten Problemlösen jedes Mal signifikant überlegen, was in Einklang mit den positiven Forschungsbefunden zum verteilten Lernen im Vergleich zu dem massierten Lernen steht (Janiszewski et al., 2003; Mandl et al., 1994). In einigen Studien zeigte sich bei sehr kurzen Inkubationszeiten von einigen wenigen Minuten kein Unterschied hinsichtlich der Leistung (Fulgosi & Guilford, 1968; Segal, 2004). Webster et al. (2006) untersuchten Inkubation im Kontext von Schulen und fanden heraus, dass auch mit einem zeitlichen Abstand von einer Woche noch neue kreative Ideen produziert wurden und somit eine Unterbrechung nützlich war. Kaplan & Davidson (1989) formulieren, dass Prozesse mit komplexen Problemen von sowohl einer intensiven initialen Beschäftigung als auch einer längeren Inkubationsphase profitieren. Ritter & Dijksterhuis (2014) sowie Yang et al. (2012) stellen das Verhältnis der optimalen Dauer einer Inkubationsphase zur Leistung als umgekehrte U-Form dar. Bei zu kurzen oder zu langen Zeiträumen kann die bewusste Beschäftigung dem unbewussten Denken überlegen sein. Die Inkubationslänge hängt somit von der Problemkomplexität ab und sollte zudem moderat sein.

2.3.2   Einflussfaktor Aktivität

Im universitären Alltag üben Wissenschaftler*innen eine Vielzahl an unterschiedlichen Aktivitäten aus. Gibt es Aktivitäten, die nicht-intentionale Verarbeitungsprozesse besonders fördern? Ein Ansatz Inkubationsaktivitäten zu untersuchen, ist die Unterscheidung von Tätigkeiten, die nah am Problem sind und Aktivitäten, die nichts mit dem ursprünglichen Problem zu tun haben. In den Arbeiten von Ellwood et al. (2009), Gilhooly et al. (2013) und Smith & Vela (1991) konnten positive Inkubationseffekte bei den Versuchspersonengruppen nachgewiesen werden, deren Inkubationstätigkeit in keiner Beziehung zum vorherigen Problem standen. Eine Begründung für diese Befunde könnte sein, dass eine ähnliche Aufgabe die gleichen mentalen Ressourcen nutzt. Ist die Aufgabe der Problemstellung zu ähnlich, treten Interferenzen zwischen bewusster und unbewusster Arbeit auf, was zu schwächeren Inkubationseffekten führt als eine Inkubationsaktivität, die in keiner Beziehung zum ursprünglichen Problem steht (Gilhooly et al., 2013).

Dem gegenüber stehen die Befunde von Penney et al. (2004) und Shah & Kruglanski (2002) bei der diejenigen Problemlöser mehr Lösungen gefunden haben, die in der Inkubationsphase an einem ähnlichen Problem gearbeitet hatten. Wenn sich die späteren Probleme stark unterschieden, zeigten sich kaum Effekte, vermutlich weil das ungelöste Initialproblem kognitive Kapazitäten abzieht (Shah & Kruglanski, 2002).

Aus hochschuldidaktischer Perspektive interessiert die Frage, ob der Wechsel von Lehr- und Forschungstätigkeiten positive Effekte hat, wenn sich die Inhalte stark voneinander unterscheiden oder aber sehr ähnliche Themen förderlich sind.

2.3.3 Einflussfaktor Eigenschaften der Person

Es ist anzunehmen, dass kognitive, motivationale und emotionale Eigenschaften der Forschenden bzw. Lehrenden einen Einfluss auf das Auftreten unabsichtlicher Prozesse in der Inkubationsphase haben.

Viele Untersuchungen liefern Befunde, dass eine kognitiv wenig anspruchsvolle Tätigkeit[2] in der Inkubationsphase zu verbesserter Problemlöseleistung führt, wohingegen eine anspruchsvolle Aufgabe genauso wie kontinuierliche Arbeit am Problem keine signifikanten Effekte hervorbringt (Baird et al., 2012; Browne & Cruse, 1988; Gall & Mendelsohn, 1967; Sio & Ormerod, 2009). Interessanterweise sind die positiven Effekte von weniger anspruchsvollen Tätigkeiten größer als beim puren Ausruhen. Sio & Ormerod (2009) interpretieren diesen Befund dahingehend, dass die Aktivität „ausruhen" den Problemlöser möglicherweise nicht genügend von dem Problem ablenkt.

Andere Studien weisen Vorteile hoher kognitiver Belastung in der Inkubationsphase nach (Ritter & Dijksterhuis, 2014; Segal, 2004). Die Probanden erzielten also bessere Ergebnisse, wenn ihre Aufmerksamkeit in der Pause mit einer anspruchsvollen Aufgabe vollkommen von dem Problem abgelenkt war. Die größten Inkubationseffekte wiesen Sio & Ormerod (2014) nach, wenn Personen bei leichten Problemen eine Inkubationstätigkeit mit hoher kognitiver Belastung

---

[2] Aufgaben wie beispielsweise „lesen" oder „entspannen" werden in Untersuchungen zu den Aktivitäten mit geringerem kognitiven Anspruch gezählt. Inkubationstätigkeiten mit hohem kognitiven Anspruch, wie beispielsweise Rechenaufgaben oder Gedächtnistests, sollen das Bewusstsein möglichst voll beanspruchen (Sio & Ormerod, 2009).

unternahmen sowie bei schwierigen Aufgaben eine Inkubationsphase mit geringer kognitiver Belastung.

Explorative Studien zu unwillkürlichen Erinnerungen ergeben, dass die Erinnerungen eher Begleiterscheinungen von Routineaktivitäten sind, die wenig Aufmerksamkeit erfordern oder in Momenten von Langeweile oder Tagträumerei entstehen (Berntsen, 1996; Kvavilashvili & Mandler, 2004; Rasmussen et al., 2015; Schlagman et al., 2009; Schlagman & Kvavilashvili, 2008).

Bei der Erforschung motivationaler und emotionaler Aspekte zeigen Studien, dass unwillkürliche Erinnerungen emotional eher positiv behaftet sind als negativ (Berntsen, 1996; Berntsen & Rubin, 2002). Hall & Berntsen (2008) gehen von einem gesteigerten Zugang unfreiwilliger Erinnerungen in Situationen von emotionalem Stress aus.

Ziel dieses Artikels ist es herauszuarbeiten, inwieweit Lehrtätigkeiten als Inkubations-Forschungspausen sowie forschende Tätigkeiten als Inkubations-Lehrpausen wirken. Im Rahmen einer Dissertation wurde untersucht, inwieweit nicht-intentionale Lernprozesse im Alltag von Studierenden auftreten und welche Faktoren diese Prozesse beeinflussen (Antosch-Bardohn, 2018). Aus den zuvor dargelegten theoretischen Überlegungen ist abzuleiten, dass nicht nur Studierende in ihrem Studienalltag nicht-intentionale Prozesse erfahren, sondern auch Lehrende in ihrem Alltag immer wieder unabsichtlich Impulse für Problemlösungen in Forschung und Lehre erfahren. Daher wird im folgenden Kapitel die Untersuchung vorgestellt und ausgehend davon der Transfer auf nicht-intentionale Verarbeitungsprozesse bei forschenden Lehrenden gezogen.

3   Empirische Untersuchung zu nicht-intentionalen Lernprozessen

3.1   Forschungsfragen

Vor dem Hintergrund der zuvor dargestellten Überlegungen ergeben sich folgende Fragestellungen:

1. *Inwieweit treten nicht-intentionale Lernprozesse zum Lerninhalt im Alltag von Studierenden auf?*
2. *Inwieweit lässt sich durch nicht-intentionale Lernprozesse ein Erwerb von Wissen vorhersagen?*

3. *Inwieweit lassen sich nicht-intentionale Lernprozesse durch die Einflussfaktoren zeitlicher Abstand, Aktivität in der Inkubationsphase und Eigenschaften der Person vorhersagen?*

3.2 Ablauf und Design

Im Rahmen einer Feldstudie wurden Daten von $N = 144$ Studierenden der Pädagogik (Geschlecht: w = 94, m = 8; Alter: $M = 20.94$, $SD = 3.07$; Semester: $M = 1.62$, $SD = 1.51$) an der LMU München erhoben. Die Studie wurde als Längsschnittstudie mit über zehn Tage verteilten Erhebungszeitpunkten angelegt und bestand aus vier Erhebungsbausteinen: einer Starterhebung, einer Lernsitzung mit einem Pretest, einer Experience-Sampling-Method-Erhebung (ESM) und einem Posttest. Die Verteilung der Messungen auf verschiedene Erhebungsbausteine hat dazu geführt, dass die Anzahl an Versuchspersonen pro Erhebungseinheit variierte und nicht alle Studierenden an allen vier Bausteinen teilgenommen haben. Daher waren je Forschungsfrage unterschiedliche Versuchspersonenanzahlen zu berücksichtigen. Um die Daten aggregieren zu können, mussten die Versuchspersonen auf jedem Fragebogen einen persönlichen Code angeben. Die vier Erhebungsbausteine waren folgendermaßen aufgebaut:

1. In der *Starterhebung* wurden demographische Daten erhoben, das Vorgehen der ESM-Erhebung beschrieben und über den Datenschutz aufgeklärt.
2. Die *initiale Lernsitzung* dauerte 60 Minuten. Lerninhalt war das Thema „empirische Forschungsmethoden". Im anschließenden Pretest wurde Wissen erfasst, wobei die Hälfte der Studierenden Fragen zum Stoff der Lernsitzung beantworteten und die andere Hälfte allgemeine Fragen.
3. Kernstück der Studie ist eine siebentägige signalbasierte ESM-Phase, in der nicht-intentionale Lernprozesse im Studienalltag situationsnah erfasst wurden. Sie fand zwischen dem zweiten Erhebungsbaustein (der Lernsitzung) und der vierten Erhebungseinheit (dem Posttest) statt. Das Signalverfahren wurde in Kombination mit einer geschichteten Randomisierung realisiert. Jeder Teilnehmende bekam pro Tag in drei bis fünf Slots zu randomisierten Zeiten innerhalb dieser Slots eine SMS mit einem Link zu einem Fragebogen. In den ESM-Fragebögen beantworteten die Studierenden Fragen zu aufgetretenen nicht-intentionalen Lernprozessen, intentionalen Lernaktivitäten und zu sonstigen Aktivitäten, die nicht mit dem Lernthema in Verbindung stehen. Außerdem schätzten sie ihr persönliches kognitives, motivationales und emotionales Befinden ein.

4. Der *Posttest* wurde sieben Tage nach der Lernsitzung angesetzt, da dies der übliche Zeitraum zwischen zwei Lehrveranstaltungen ist. So lässt sich aus den Daten schließen, wie viele nicht-intentionale Lernprozesse sich zwischen zwei Lehrveranstaltungssitzungen im Alltag von Studierenden ereignen. Im Posttest wurde der Wissenstest wiederholt, der von der Hälfte der Studierenden bereits im Pretest ausgefüllt wurde. Außerdem wurden retrospektiv Fragen zur nicht-intentionalen gedanklichen Beschäftigung gestellt.

3.3   Erfasste Variablen

Nicht-intentionale Lernprozesse
Wie im theoretischen Abschnitt beschrieben, werden als nicht-intentionale Lernformen unwillkürliche Erinnerungen und Einsichten differenziert. Um *unwillkürliche Erinnerungen* zu erfassen, wurde folgende Frage gestellt: „Ist Ihnen innerhalb der letzten 3 Stunden der Lernstoff der empirischen Forschungsmethoden von alleine eingefallen? ‚Von alleine' meint dabei einen Einfall, der Ihnen in den Sinn kam, ohne dass ein Gesprächspartner das Thema darauf lenkte oder dass Sie sich geplant oder absichtlich damit beschäftigt haben."

Einsichten wurden mit der Frage „Ist Ihnen bei diesem spontanen Einfall bezüglich des Lernstoffs etwas Neues in den Sinn gekommen, was Sie vorher noch nicht wussten?" erhoben.

Die *gedankliche Beschäftigung* zu dem Thema „empirische Forschungsmethoden" erfasst als dritte Variable das nicht-intentionale Lernen retrospektiv. Die Versuchspersonen schätzten subjektiv ein, in welchem Maße der Lernstoff unabsichtlich weiter kognitiv verarbeitet wurde. Die Variable wurde nach Ablauf der siebentägigen ESM-Phase im Posttest erhoben und enthält vier Items (Cronbachs $\alpha = .748$; $n = 97$; $M = 2.55$, $SD = 1.02$, $Min = 1$, $Max = 5$).

Aktivitäten
In der ESM-Erhebung gaben die Versuchspersonen ihre aktuell ausgeübte Aktivität über fünf Antwortoptionen an: „Lernen für das Thema", „Andere Aktivitäten an der Uni", „Haushalt und Besorgungen", „Nebenjobtätigkeiten", „Freizeit" und „Andere Aktivitäten".

Wissen
Mit acht Aufgaben wurde das deklarative Wissen erfasst. Der Wissenstest wurde zu zwei Zeitpunkten mit dem exakt gleichen Instrument durchgeführt: Die Hälfte

der Studierenden ($n = 54$) nahm im Pretest am Ende der initialen Lernsitzung teil ($M = 3.96$, $SD = 2.46$, $Min = 0$, $Max = 13$). Im Posttest füllte die gesamte Stichprobe ($N = 104$) den identischen Wissenstest aus ($M = 3.90$, $SD = 2.56$, $Min = 0$, $Max = 13$).

Eigenschaften der Person im Studienalltag
Als kognitive Variable wurde die *geistige Anstrengung* gemäß Paas (1992) mit einem Item über eine siebenstufige Skala erfasst. Die aktuelle *Motivation* wurde über ein diskretes Adjektivpaar (motiviert – lustlos) gemessen. Die emotionale Qualität des Erlebens wurde über zwei diskrete Adjektivpaare, die *positive Aktivierung* (1 Item) und die *negative Aktivierung* (1 Item), erhoben.

In Tab. 1 werden die deskriptiven Werte der Eigenschaften der Person bei nicht-intentionalen Lernprozessen, bei intentionalen Lernaktivitäten und bei (Inkubations-) Aktivitäten ohne Lernbezug aufgeführt.

Tab. 1 Deskriptive Werte der Eigenschaften der Person[3]

Variable	N	Min	Max	M	SD	Anzahl Items
Persönliche Verfassung beim Auftreten nicht-intentionaler Lernprozesse:						
Geistige Anstrengung	95	1	7	3.44	1.87	1
Motivation	94	1	7	4.53	1.81	1
Positive Aktivierung	92	1	7	4.73	1.39	1
Negative Aktivierung	92	1	7	4.19	1.77	1
Persönliche Verfassung bei intentionalen Lernaktivitäten:						
Geistige Anstrengung	151	1	7	5.09	1.37	1
Motivation	151	1	7	4.35	1.63	1
Positive Aktivierung	151	1	7	4.36	1.49	1
Negative Aktivierung	151	1	7	4.81	1.37	1
Persönliche Verfassung bei (Inkubations-) Aktivitäten ohne Lernbezug:						
Geistige Anstrengung	677	1	7	2.86	1.83	1
Motivation	675	1	7	4.69	1.62	1
Positive Aktivierung	674	1	7	4.83	1.55	1
Negative Aktivierung	675	1	7	3.28	1.77	1

---

[3] Sämtliche Tabellen in diesem Artikel stammen aus eigener Darstellung.

3.4   Ergebnisse

3.4.1   Auftreten nicht-intentionaler Lernprozesse

In der ESM-Erhebung wurden 828 Fragebögen ausgefüllt. Durchschnittlich beantwortete jede Versuchsperson $M = 15.87\,(SD = 4.67)$ Fragebögen. 88 unwillkürliche Erinnerungen wurden gemessen, was 10,63 % der Fragebögen entspricht. Pro Versuchsperson $(n = 52)$ wurden zwischen 0 und 8 unwillkürliche Erinnerungen erhoben, was einem Mittelwert von $M = 1.60\ (SD = 1.56)$ pro Studierendem entspricht. Im Durchschnitt berichteten die Studierenden somit in 10 % der von ihnen beantworteten Fragebögen von unwillkürlichen Erinnerungen.

In sechs Fragebögen der ESM-Erhebung wurde von einer Einsicht berichtet. Jeder der sechs Einsichten wurde von unterschiedlichen Versuchspersonen gewonnen. Insgesamt haben demnach 10,5 % der Studierenden im Laufe der Woche eine Einsicht zum Lernstoff gewonnen. Aufgrund des seltenen Auftretens von Einsichten sind inferenzstatistische Vergleiche nicht möglich.

Die dritte Variable, die nicht-intentionale Lernprozesse erfasste, die „gedankliche Beschäftigung", ergab im Mittel einen Wert von $M = 2.55\ (SD = 1.02)$. Zwischen der gedanklichen Beschäftigung $(n = 100)$ und der per ESM-Fragebögen erhobenen unwillkürlichen Erinnerungen, aggregiert auf die Anzahl pro Person $(n = 52)$, zeigt sich eine signifikante mittlere Korrelation von $r = 0.39\ (p = .023)$.

3.4.2   Nicht-intentionale Lernprozesse und Wissenserwerb

Zur Untersuchung des Zusammenhangs von nicht-intentionalen Lernprozessen und einem möglichen Wissenserwerb wurde eine lineare Regressionsanalyse mit dem Faktor der Wissenstestteilnahme als Kontrollvariable und unwillkürlichen Erinnerungen als Prädiktor sowie dem deklarativen Wissen im Posttest als Kriterium durchgeführt. Die Regressionsanalyse zeigt, dass die relative Anzahl unwillkürlicher Erinnerungen pro Person unter Berücksichtigung der Wissenstestteilnahme die Varianz der deklarativen Leistung zu 21,1 % vorhersagt (vgl. Tab. 2).

Regressionsanalysen mit der gedanklichen Beschäftigung und dem Wissen im Pretest als Prädiktoren und dem deklarativen Wissen im Posttest als Kriterium zeigen, dass das Wissen im Pretest die deklarative Leistung im Posttest vorhersagt (vgl. Tab. 3).

Tab. 2 Werte der linearen Regression der relativen Anzahl unwillkürlicher Erinnerungen und der Wissenstestteilnahme mit dem deklarativen Wissen im Posttest als Kriterium

	β	t	p	Fit
(Intercept)	2.59	4.24	.001	
Unwillkürliche Erinnerungen	11.00	2.90	.006	
Wissenstestteilnahme	1.10	1.53	.135	
				$R^2 = .211$
				$F(2, 38) = 5.092$

Tab. 3 Werte der linearen Regression der gedanklichen Beschäftigung unter Berücksichtigung des Wissens im Pretest mit dem deklarativen Posttest als Kriterium

	β	T	p	Fit
(Intercept)	8.79	2.91	.007	
Gedankliche Beschäftigung	−1.84	−1.78	.087	
Deklaratives Wissen im Pretest	−1.79	−2.66	.013	
Gedankliche Beschäftigung * Deklaratives Wissen im Pretest	0.72	3.26	.003	
				$R^2 = .539$
				$F(3, 25) = 9.751$

3.4.3 Einflussfaktoren nicht-intentionaler Lernprozesse

Zeitlicher Abstand

Logistische Mehrebenenregressionen mit den unwillkürlichen Erinnerungen als Kriterium auf Level 1 und dem zeitlichen Abstand als Prädiktor auf Level 1 zeigen, dass der zeitliche Abstand signifikant negativ mit dem Auftreten unwillkürlicher Erinnerungen zusammenhängt ($n = 820$, $b = -0.57$, $P = .361$, $z = -4.26$, Konfidenzintervall [2,5 %] −0.84, [97,5 %] −0.32). Nicht-intentionale Lernprozesse zu einem spezifischen Lernereignis treten folglich mit jedem vergangenen Tag seltener auf.

Tab. 4 Verteilung der Aktivitäten im Studienalltag

Kategorien	(Inkubations-) Aktivitäten ohne Lernbezug		Aktivitäten beim Auftreten unwillkürlicher Erinnerungen	
	absolut	relativ[4]	absolut	relativ[5]
Freizeit	282	$M = 35\%$, $SD = 19\%$-Punkte	23	$M = 29\%$, $SD = 40\%$-Punkte
Andere Aktivitäten an der Uni	148	$M = 17\%$, $SD = 14\%$-Punkte	37	$M = 44\%$, $SD = 46\%$-Punkte
Haushalt und Besorgungen	81	$M = 9\%$, $SD = 9\%$-Punkte	11	$M = 11\%$, $SD = 22\%$-Punkte
Nebenjobtätigkeiten	59	$M = 7\%$, $SD = 9\%$-Punkte	5	$M = 4\%$, $SD = 08\%$-Punkte
Andere Aktivitäten	117	$M = 13\%$, $SD = 14\%$-Punkte	12	$M = 12\%$, $SD = 22\%$-Punkte

Aktivität

Insgesamt wurden über die sieben Tage hinweg 926 Aktivitäten gemessen, 151 Mal wurde von intentionalen Lernaktivitäten berichtet. In Tab. 4 wird dargestellt, wie häufig jede Aktivität genannt wurde und wie häufig unwillkürliche Erinnerungen bei der jeweiligen Tätigkeit aufgetreten sind.

Die meisten unwillkürlichen Erinnerungen wurden bei anderen Aktivitäten an der Universität erfahren.

Eine Korrelationsanalyse unter Einbezug des individuellen Rücklaufs zeigt, dass zwischen den nicht-intentionalen unwillkürlichen Erinnerungen und der Lernhäufigkeit ein signifikanter mittlerer positiver Zusammenhang besteht ($r = 0.35$, $p = .011$). Eine lineare Regressionsanalyse mit der gedanklichen Beschäftigung als Kriterium und der intentionalen Lernhäufigkeit als Prädiktor sowie der Rücklaufquote als Kontrollvariable zeigt ebenfalls einen positiven Zusammenhang (vgl. Tab. 5).

---

[4] Die Häufigkeit der Tätigkeiten in Abhängigkeit von der Anzahl ausgefüllter Fragebögen pro Person.

[5] Die Häufigkeit der Tätigkeiten in Abhängigkeit von der Anzahl unwillkürlicher Erinnerungen.

Tab. 5 Werte der linearen Regression mit der Häufigkeit intentionalen Lernens unter Berücksichtigung des individuellen Rücklaufs als Prädiktoren und der gedanklichen Beschäftigung als Kriterium

	β	t	p	Fit
(Intercept)	0.06	0.12	.906	
Intentionale Lernhäufigkeit	0.15	2.06	.048	
Rücklauf	0.12	3.96	.000	
				$R^2 = .460$
				$F(2, 31) = 13.23$

Je häufiger intentional gelernt wurde, desto höher war demnach die nicht-intentionale Beschäftigung.

Eigenschaften der Person

Tab. 6 stellt Mittelwerte und Standardabweichungen der aggregierten Daten ($n = 52$) der Eigenschaften der Person beim Ausüben von (Inkubations-) Aktivitäten ohne Bezug zum Lerninhalt, bei intentionalen Lernaktivitäten und bei Aktivitäten, die von nicht-intentionalen Lernprozessen begleitet werden, dar.

Mittels einer Varianzanalyse mit Messwiederholung wurde analysiert, ob zwischen den drei Aktivitäten-Gruppen signifikante Unterschiede bestehen (vgl. Abb. 1). Im Falle von signifikanten Effekten wurde posthoc mithilfe von t-Tests

Tab. 6 Deskriptive Werte für die persönlichen Eigenschaften der Person im Studienalltag

Eigenschaften der Person	Eigenschaften während des Ausübens von (Inkubations-) Aktivitäten ohne Lernbezug	Eigenschaften während des Ausübens von intentionalen Lernaktivitäten	Eigenschaften während des Ausübens von Aktivitäten, die von nicht-intentionalen Lernprozessen begleitet werden
Geistige Anstrengung	$M = 2.88$, $SD = 0.75$	$M = 5.08$, $SD = 1.05$	$M = 3.06$, $SD = 1.58$
Motivation	$M = 4.70$, $SD = 0.92$	$M = 4.17$, $SD = 1.53$	$M = 4.35$, $SD = 1.67$
Positive Aktivierung	$M = 4.85$, $SD = 0.82$	$M = 4.22$, $SD = 1.36$	$M = 4.54$, $SD = 1.27$
Negative Aktivierung	$M = 3.24$, $SD = 1.22$	$M = 4.83$, $SD = 1.22$	$M = 4.22$, $SD = 1.63$

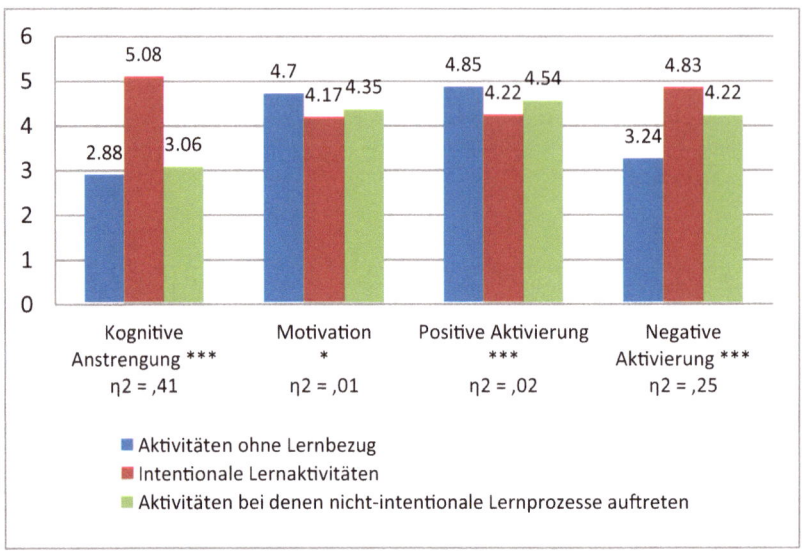

Abb. 1 Vergleich von den Eigenschaften der Person in Bezug auf die unterschiedlichen Aktivitäten

überprüft, zwischen welchen Aktivitäten-Gruppen genau der Unterschied besteht. Mit dem Korrekturverfahren nach Bonferroni wurde das Signifikanzniveau auf $p < .017$ korrigiert.

Hinsichtlich der geistigen Anstrengung kann ein großer Effekt festgestellt werden ($F(2;50) = 83.02$, $p < .001$, $\eta^2 = .41$). Die geistige Anstrengung in intentionalen Lernsituationen ist zu einem großen Effekt signifikant höher als bei (Inkubations-) Aktivitäten ohne Lernbezug ($t(48) = 14.78$, $p < .001$, $d = 1.93$) und signifikant höher als bei Aktivitäten, in denen nicht-intentionale Lernprozesse auftreten ($t(41) = -8.28$, $p < .001$, $d = 1.24$).

Die Motivation unterscheidet sich mit einer kleinen Effektstärke ($F(2;50) = 4.32$, $p = .016$, $\eta^2 = .01$). Aktivitäten, die von nicht-intentionalen Lernprozessen begleitet werden unterscheiden sich hinsichtlich der Motivation nach der Korrektur Bonferronis nicht von (Inkubations-) Aktivitäten ($t(42) = 2.04$, $p = .048$, $d = 0.21$) und auch nicht von intentionalen Lernaktivitäten ($t(39) = -0.37$, $p = .711$, $d = 0.11$). Beim Ausüben von (Inkubations-) Aktivitäten ohne Lernbezug ist die Motivation zu einem mittleren Effekt signifikant höher als bei intentionalen Lernaktivitäten ($t(47) = -2.51$, $p = .016$, $d = 0.35$).

Es finden sich geringe Haupteffekte in der positiven Aktivierung ($F(2;50) =$ $7.21, p = .001, \eta^2 = .02$). Die positive Aktivierung ist bei (Inkubations-) Aktivitäten zu einem mittleren Effekt besser ist als bei intentionalen Lernaktivitäten ($t(47) = -3.47$ $p = .001, d = 0.46$). Weiterhin ist die positive Aktivierung bei (Inkubations-) Aktivitäten und Aktivitäten ähnlich, bei denen nicht-intentionales Lernen stattfindet ($t(42) = -.99, p = .053, d = 0.24$). Es bestehen keine Unterschiede zwischen der positiven Aktivierung in Momenten intentionaler und nicht-intentionaler Lernaktivitäten ($t(39) = 0.62, p = .539, d = 0.25$).

Signifikante Unterschiede zeigen sich zwischen den drei Aktivitäten-Gruppen hinsichtlich der negativen Aktivierung ($F(2;50) = 45.92, p < .001, \eta^2 = .25$). Die *post hoc* durchgeführten t-Tests ergeben, dass die negative Aktivierung bei intentionalen Lernaktivitäten mit großer Effektstärke signifikant höher ist, als bei (Inkubations-) Aktivitäten ($t(48) = 9.31, p < .001, d = 1.37$). Auch beim Ausüben von Aktivitäten, bei denen nicht-intentionales Lernen passiert, fühlen sich die Studierenden zu einem starken Effekt signifikant negativer aktiviert als bei (Inkubations-) Aktivitäten ohne jeden Lernbezug ($t(41) = 5.33, p < .001, d = 0.63$). Aktivitäten, die von nicht-intentionalen Lernprozessen begleitet werden, gehen zu einem mittleren Effekt mit einer geringeren negativen Aktivierung einher als intentionale Lernaktivitäten ($t(39) = -3.22, p = .003, d = 0.33$).

Ausgehend von diesen Ergebnissen wird im folgenden Kapitel der Transfer auf den Arbeitsalltag von Wissenschaftler*innen gezogen.

4   Implikationen für Forschende und Lehrende

Die Ergebnisse zeigen, dass nicht-intentionale Verarbeitungsprozesse im Alltag von Studierenden stattfinden. Im Einklang mit der ACT-Theorie nach Anderson (1982, 1983, 2000), die besagt, dass sämtliche kognitive Prozesse, so auch Forschungs- und Lehrtätigkeiten, dem Prinzip der Aktivierungsausbreitung unterliegen, kann davon ausgegangen werden, dass nicht-intentionale Prozesse ebenso häufig bei Wissenschaftler*innen auftreten.

Mit dem Befund der Studie, dass zwischen nicht-intentionalen Prozessen und dem deklarativen Wissenserwerb ein – wenn auch geringer – positiver Zusammenhang besteht, kann die Theorie von Kamiya (2014) erweitert werden, dass unwillkürliche Erinnerungen eine Lernfunktion erfüllen. Die Studie zeigt, dass eine häufigere intentionale Beschäftigung eine höhere nicht-intentionale Verarbeitung mit sich bringt. Die Untersuchung bestätigt zudem die Befunde von z. B. Berntsen & Rubin (2002) und Eren & Yesilbursa (2013), dass unwillkürliche Erinnerungen häufig ohne Bezug zur gegenwärtigen Situation auftreten, am häufigsten beim Ausüben anderer Aktivitäten an der Universität. Studierende erinnern sich demnach in alternativen Lehrveranstaltungen nicht-intentional an den Lernstoff anderer Vorlesungen und Seminare. Daraus lässt sich ableiten, dass sich auch Forschende beim Lehren sowie Lehrende bei Forschungstätigkeiten nicht-intentional erinnern. Unbeantwortet bleibt, was konkret nicht-intentionale Prozesse in anderen Lehrveranstaltungen ausgelöst haben könnte. Hat die Ähnlichkeit der Lernumgebung die Erinnerung ausgelöst? Wurde von den Versuchspersonen ein thematischer Bezug erkannt? Oder haben die Probanden etwa aus Langeweile, Über- oder Unterforderung die Gedanken schweifen lassen?

Als Limitation muss eine mögliche Reaktivität der Messung angenommen werden. Trotzdem ergeben sich aus den Befunden zwei grundsätzliche praktische Implikationsrichtungen für den Transfer auf den Arbeitsalltag von Wissenschaftler*innen: (1) Forschungs- und Lehrpausen können als Inkubationspausen angesehen werden, in denen nicht-intentionale Verarbeitung abläuft und (2) Inkubationseffekte sollten in Lehrveranstaltungen bei Studierenden angeregt werden.

4.1   Forschungs- und Lehrpausen sind wirkungsvolle Inkubationsphasen

Ebenso wie die Inkubationspause in kreativen Prozessen, hat verteiltes Arbeiten (z. B. am Forschungsprojekt) eine Reihe von Vorteilen im Vergleich zu dem massierten Arbeiten (vgl. Abschn. 2.2.1):

Die Pause wirkt kognitiven Ermüdungserscheinungen entgegen. Nach der Ablenkung kann das Forschungs- oder Lehrthema wieder aus einer neuen Perspektive betrachtet werden. Die hier beschriebenen Befunde verdeutlichen, dass in der Pause nicht „nichts" passiert, sondern sich Wissenschaftler*innen hin und wieder unabsichtlich an Problemstellungen ihrer Forschungs- oder Lehrthematik erinnern. In diesem unabsichtlichen Erinnern kann qualitativ hohes Potenzial stecken, was es lohnenswert macht diese kurzen Erinnerungen intensiver weiter zu verfolgen.

Ungelöste Probleme werden unbewusst weiterverarbeitet. Eine ganz praktische Möglichkeit, wie Forscher*innen Inkubationseffekte anregen können, kann darin bestehen, dass sie eine Forschungseinheit mit einer ungeklärten offenen Frage beenden. Die dadurch aktivierten Gedächtnisknoten werden womöglich auf einem höheren Aktivierungsniveau nicht-intentional weiterverarbeitet.

Inkubationspausen tragen dazu bei Denkblockaden zu lösen und Fixierungen aufzuheben. Gerade Forschungstätigkeiten werfen immer wieder hochkomplexe Problemstellungen auf. Haben sich im Kopf einmal Fixationen gebildet, so kann es schwierig sein, diese durch ein fortwährendes Weiterdenken zu durchbrechen. In einer Forschungspause werden inadäquate Wissensstrukturen deaktiviert und der erneute Blick auf die Problemstellung ruft neue Assoziationen und Lösungsansätze hervor. In Lehrsituationen sind wir mit kognitiv anspruchsvollen Inhalten beschäftigt. Diese kognitiven Impulse sowie die Perspektive von Studierenden können Gedanken produzieren, die für die Forschungsarbeit einsichtsreich sein können.

In der Inkubationspause wirken interne und externe Impulse auf uns ein. Das Bewusstsein über die positive Wirkung einer Inkubationspause fördert die Sensibilisierung für Reize, die inhaltsbezogene Kognitionen in den Pausen auslösen. Eine offene und neugierige Haltung fördert neue Assoziationen und das Erkennen neuer Denkimpulse. Provoziert werden könnten Inkubationseffekte durch Erinnerungsreize, die wir in den eigenen Alltag platzieren, z. B. eine Mindmap am Kühlschrank, ein Bild des wichtigsten Theoretikers als Smartphonehintergrund oder die Forschungsfragen an der Kaffeemaschine.

Analog zu den Wirkungsweisen einer Pause beim Forschen, wirkt eine Inkubationsphase beim Lehren. So kann beispielsweise eine angemessene Pausensetzung in der Planungsphase von Lehrveranstaltungen problemlösend wirken. Häufig gibt es Situationen, in der sich die Lehrperson eingehend mit dem Lehrkonzept beschäftigt und trotzdem mag einem das ein oder andere Detail nicht sofort einfallen. Konzeptuelle Ideen, methodische Varianten oder problembezogene Fallbeispiele können durchaus erst mit dem Praktizieren von Inkubationspausen in das Bewusstsein treten.

4.2   Beim Lehren Inkubation anregen

Eine weitere Perspektive für Lehrende ist Inkubation in ihren Lehrveranstaltungen mitzudenken und nicht-intentionale Lernprozesse bei Studierenden anzuregen. Aktivierend wirkt beispielsweise die thematische Verknüpfung mit anderen Lehrveranstaltungen oder ein alltagsnaher Praxisbezug von wissenschaftlichen Theorien. Durch das Aufgeben von Übungsaufgaben mit Anwendungsfällen könnten Lehrende sowohl intentionales als auch nicht-intentionales Lernen im Alltag von Studierenden begünstigen.

Es ist davon auszugehen, dass kurze Inkubationspausen innerhalb einer Lehrveranstaltung für das Lernen der Studierenden förderlich sind. Lange Inputphasen sollten durch kurze Unterbrechungen oder Aktivierungen rhythmisiert werden um kognitive Überlastung zu vermeiden, Ermüdungserscheinungen abzubauen und die Aufmerksamkeit wieder auf den Lerngegenstand zu richten (Beege & Antosch-Bardohn, 2020). Nicht-intentionale Prozesse lassen sich durch eine längere Pause nach einer gestellten Frage anregen. Methodisch könnten Lehrende beispielsweise zu Beginn der Vorlesung drei Fragen an der Tafel notieren und erst am Ende der Sitzung auf die Beantwortung dieser Fragen zurückkommen[6] (Antosch-Bardohn et al., 2019). Dadurch ergibt sich für die Studierenden Zeit zur Verarbeitung der Frage, sowohl intentional als auch nicht-intentional.

Es wäre von Vorteil, Studierende für nicht-intentionale lernbezogene Kognitionen zu sensibilisieren. Wenn Studierende nicht-intentionale Erinnerungen erfahren, sollten sie die Gelegenheit nutzen, diese Kognitionen intensiver zu verfolgen. Das Wissen über die Wirkung von Inkubationsphasen kann Studierende motivieren angemessene Lernpausen zu setzen und verteiltes Lernen zu praktizieren, anstatt massierte Lernphasen vorzunehmen. Das bewusste Offenlassen eines Themas am Ende der Lehrveranstaltung könnte nicht-intentionale Lernprozesse anregen. Das dadurch erhöhte Aktivierungsniveau der Lerninhalte fördert das unabsichtliche Erinnern der Lehrveranstaltung und weiteres nicht-intentionales Verarbeiten in anderen Lehrveranstaltungen und Alltagssituationen. Startet eine Lehrveranstaltung mit der Frage nach neuen Einsichten oder nicht-intentionalen Gedanken, die im Laufe der Woche bei den Studierenden entstanden sind, können Hochschuldozierende an diese Impulse direkt mit neuen Lerninhalten anknüpfen.

Neben den aufgezählten Ideen soll darauf hingewiesen werden, dass unklar ist, inwieweit ein zu starkes intentionales Anregen von nicht-intentionalen Lernprozessen und Inkubation möglicherweise korrumpierende Effekte hervorrufen könnte. Die Thematik birgt noch viel Forschungspotenzial.

Die hier vorgestellte Untersuchung zeigt, dass nicht-intentionale Verarbeitungsprozesse im universitären Alltag von Forschenden und Lehrenden stattfinden. Dieser besteht zwangsläufig aus diversen intentionalen Tätigkeitsfeldern mit vielen gewollten und nicht gewollten Unterbrechungspausen. Gerade bei komplexeren Problemstellungen, mit denen Wissenschaftler*innen täglich konfrontiert sind, fördert eine Inkubationsphase die Lösungsfindung, was von der Kreativitätsforschung bereits gut belegt ist. Durch den Wechsel von Forschungs- und Lehrtätigkeiten ergibt sich eine Inkubationspause, die nicht-intentionale Verarbeitungsprozesse mit sich bringt.

Ein ständiges Wechselspiel von Lehr- und Forschungstätigkeiten sollte also nicht als störende Unterbrechung angesehen, sondern als Inkubationspause und

---

[6] Diese Lehr-/Lernmethode ist in der Literatur unter dem Begriff „Vorher-Fragen" verortet.

Ressource für unabsichtliche kognitive Nebeneffekte zelebriert werden. Darüber hinaus wäre es wünschenswert, wenn Lehrende in ihren Lehrveranstaltungen Inkubationsphasen berücksichtigen und ihre Studierenden für nicht-intentionale Verarbeitungsprozesse sensibilisieren.

Literatur

Aarts, H., & Custers, R. (2012). Unconscious Goal Pursuit: Nonconscious Goal Regulation and Motivation. In R. M. Ryan (Ed.), *Oxford library of psychology. The Oxford handbook of human motivation* (S. 232–247). New York: Oxford University Press.

Anderson, J. R. (1982). Acquisition of Cognitive Skill. *Psychological Review*, 89(4), 369–406.

Anderson, J. R. (1983). A Spreading Activation Theory of Memory. *Journal of Verbal Learning and Verbal Behaviour*, 22, 261–295.

Anderson, J. R. (2000). *Learning and memory: An integrated approach.* John Wiley & Sons Inc.

Antosch-Bardohn, J. (2018). *Nicht-intentionale Lernprozesse im Alltag von Studierenden: Einflussfaktoren auf nicht-intentionale Lernprozesse in Zusammenhang mit studentischem Wissenserwerb.* Logos Verlag Berlin GmbH.

Antosch-Bardohn, J. (2019). Lernprozesse, nicht intentionale. In M. A. Wirtz (Hrsg.), Dorsch – Lexikon der Psychologie. Abgerufen am 17.12.2019, von https://portal.hogrefe.com/dorsch/lernprozesse-nicht-intentionale/.

Antosch-Bardohn, J. (2021). *Kreativität für die Wissenschaft.* UTB GmbH.

Antosch-Bardohn, J.; Stegmann, K. (2015). Hatching learning insights – An exploratory ESM study on occurrences of mind pops and insights. Presentation on the *16th Biennial EARLI Conference.* Limassol, Cyprus, 28.04.2015.

Ash, I. K., Jee, B. D., & Wiley, J. (2012). Investigating Insight as Sudden Learning. *The Journal of Problem Solving*, 4(2). https://doi.org/10.7771/1932-6246.1123.

Baird, B., Smallwood, J., Mrazek, M. D., Kam, Julia W Y, Franklin, M. S., & Schooler, J. W. (2012). Inspired by distraction: mind wandering facilitates creative incubation. *Psychological Science*, 23(10), 1117–1122. https://doi.org/10.1177/0956797612446024.

Ball, C. T., & Little, J. C. (2006). A comparison of involuntary autobiographical memory retrievals. *Applied Cognitive Psychology*, 20(9), 1167–1179. https://doi.org/10.1002/acp.1264.

Bargh, J. A., Gollwitzer, P. M., Lee-Chai, A., Barndollar, K., & Trötschel, R. (2001). The automated will: Nonconscious activation and pursuit of behavioral goals. *Journal of Personality and Social Psychology*, 81(6), 1014–1027. https://doi.org/10.1037/0022-3514.81.6.1014.

Beege, B. & Antosch-Bardohn, J. (2020) Zeitaufwendig und albern? Kurzaktivierungen und ihr lernrelevanter Einsatz in Lehrveranstaltungen. *Neues Handbuch Hochschullehre.*

Berntsen, D. (1996). Involuntary Autobiographical Memories. *Applied Cognitive Psychology, 10*, 435–454.

Berntsen, D., & Rubin, D. C. (2002). Emotionally charged autobiographical memories across the life span: The recall of happy, sad, traumatic and involuntary memories. *Psychology and Aging, 17*(4), 636–652. https://doi.org/10.1037/0882-7974.17.4.636.

Browne, B. A., & Cruse, D. F. (1988). The incubation effect: Illusion or illumination?. *Human Performance, 1*(3), 177–185.

Christensen, B. T., & Schunn, C. D. (2005). *Spontaneous Access and Analogical Incubation Effects*. Creativity Research Journal, 17(2-3), 207–220. https://doi.org/10.1080/104 00419.2005.9651480.

Conway, M. A. (2005). Memory and the self. *Journal of Memory and Language, 53*(4), 594–628. https://doi.org/10.1016/j.jml.2005.08.005.

Davou, B. (2002). Unconscious processes influencing learning. *Psychodynamic Practice, 8*(3), 277–294. https://doi.org/10.1080/1353333021000019024.

Dominowski, R. L., & Dallob, P. (1995). Insight and Problem Solving. In R. J. Sternberg & J. E. Davidson (Eds.), *The Nature of Insight* (S. 33–62). Cambridge, Mass: MIT Press.

Ellwood, S., Pallier, G., Snyder, A., & Gallate, J. (2009). The Incubation Effect: Hatching a Solution? *Creativity Research Journal, 21*(1), 6–14. https://doi.org/10.1080/104004108 02633368.

Eren, A. (2010). Involuntary mental time travel and its effect on prospective teachers' situational intrinsic motivations. *Learning and Individual Differences, 20*(6), 677–681. https://doi.org/10.1016/j.lindif.2010.09.003.

Eren, A., & Yesilbursa, A. (2013). Does Involuntary Mental Time Travel Make Sense in Prospective Teachers' Feelings and Behaviors during Lessons?. *Australian Journal of Teacher Education, 38*(2), n2.

Finke, R. A., Ward, T. B., & Smith, S. M. (1992). *Creative cognition: Theory, research, and applications* (1st pbk. ed). Cambridge, Mass: MIT Press.

Fulgosi, A., & Guilford, J. P. (1968). Short-term incubation in divergent production. *The American journal of psychology, 81*(2), 241–246.

Gall, M., & Mendelsohn, G. A. (1967). Effects of facilitating techniques and subject-experimenter interaction on creative problem solving. *Journal of Personality and Social Psychology, 5*(2), 211.

Gilhooly, K. J., Georgiou, G., & Devery, U. (2013). Incubation and creativity: Do something different. *Thinking & Reasoning, 19*(2), 137–149. https://doi.org/10.1080/13546783. 2012.749812.

Guilford, J. P. (1979). Some Incubated Thoughts on Incubation. *Journal of Creative Behavior, 13*(1), 1–8.

Hall, N. M., & Berntsen, D. (2008). The effect of emotional stress on involuntary and voluntary conscious memories. *Memory (Hove, England), 16*(1), 48–57. https://doi.org/10. 1080/09658210701333271.

Hélie, S., & Sun, R. (2010). Incubation, Insight, and Creative Problem Solving: A Unified Theory and a Connectionist Model. *Psychological Review, 117*(3), 994–1024. https://doi. org/10.1037/a0019532.

Janiszewski, C., Noel, H., & Sawyer, A. G. (2003). *A Meta-analysis of the Spacing Effect in Verbal Learning: Implications for Research on Advertising Repetition and Consumer Memory.* Journal of Consumer Research, 30, 138–149.

Kamiya, S. (2014). Relationship between frequency of involuntary autobiographical memories and cognitive failure. *Memory (Hove, England)*, *22*(7), 839–851. https://doi.org/10.1080/09658211.2013.838630.

Kaplan, C. A., & Davidson, J. (1989). *Hatching a Theory of Incubation Effects* (Technical Report No. CIP No. 472).

Kerka, S. (2000). Incidental Learning. *Trends and Issues Alert*, *18*, 3–4.

Kvavilashvili, L., & Mandler, G. (2004). Out of one's mind: A study of involuntary semantic memories. *Cognitive Psychology*, *48*(1), 47–94. https://doi.org/10.1016/S0010-0285(03)00115-4.

Mace, J. H. (2005). Priming involuntary autobiographical memories. *Memory (Hove, England)*, *13*(8), 874–884. https://doi.org/10.1080/09658210444000485.

Mace, J. H., & Atkinson, E. (2009). Can We Determine the Function of Everyday Involuntary Autobiographical Memories? In M. R. Kelley (Ed.), *Applied memory* (S. 199–212). New York: Nova Science Publishers.

Mandl, H., Friedrich, H. F., & Hron, A. (1994). Psychologie des Wissenserwerbs. In B. Weidenmann (Ed.), *Pädagogische Psychologie. Ein Lehrbuch* (3rd ed., S. 143–218). Weinheim: Beltz, Psychologie-Verl.-Union.

Marsick, V. J., & Watkins, K. E. (2001). Informal and Incidental Learning. *New Directions for Adult and Continuing Education*, *89*, 25–34.

Mayer, R. E. (1995). The Search for Insight: Grappling with Gestalt Psychology's Unanswered Questions. In R. J. Sternberg & J. E. Davidson (Eds.), *The Nature of Insight* (S. 3–32). Cambridge, Mass: MIT Press.

Meier, B., & Cock, J. (2014). Offline consolidation in implicit sequence learning. *Cortex; a journal devoted to the study of the nervous system and behavior*, *57*, 156–166. https://doi.org/10.1016/j.cortex.2014.03.009.

Moss, J., Kotovsky, K., & Cagan, J. (2007). The influence of open goals on the acquisition of problem-relevant information. *Journal of Experimental Psychology: Learning Memory and Cognition* *33*(5), 876–891. https://doi.org/10.1037/0278-7393.33.5.876.

Oerter, R. (2000). Einleitung. *Unterrichtswissenschaft*, *28*, 194–196.

Paas, F. G. (1992). Training strategies for attaining transfer of problem-solving skill in statistics: A cognitive-load approach. *Journal of educational psychology*, *84*(4), 429.

Penney, C. G., Godsell, A., Scott, A., & Balsom, R. (2004). Problem variables that promote incubation effects. *The Journal of Creative Behavior*, *38*(1), 35–55.

Posner, M. I. (1976). *Kognitive Psychologie. Grundfragen der Psychologie*. München: Juventa.

Rasmussen, A. S., & Berntsen, D. (2009). The possible functions of involuntary autobiographical memories. *Applied Cognitive Psychology*, *23*(8), 1137–1152. https://doi.org/10.1002/acp.1615.

Rasmussen, A. S., Ramsgaard, S. B., & Berntsen, D. (2015). Frequency and functions of involuntary and voluntary autobiographical memories across the day. *Psychology of Consciousness: Theory, Research, and Practice*, *2*(2), 185–205. https://doi.org/10.1037/cns0000042.

Reber, A. S. (1967). Implicit Learning of Artificial Grammars. *Journal of Verbal Learning and Verbal Behaviour*, *6*, 855–863.

Ritter, S. M., & Dijksterhuis, A. (2014). Creativity-the unconscious foundations of the incubation period. *Frontiers in human neuroscience*, *8*, 215. https://doi.org/10.3389/fnhum.2014.00215.

Roediger, H. L. (2008). A Typology of Memory Terms. In R. Menzel (Ed.), Learning Theory and Behavior. Vol. [1] of Learning and Memory: A Comprehensive Reference, 4 vols. (J.Byrne Editor), (S. 11–24). Oxford: Elsevier.

Röhr-Sendlmeier, U. M., & Käser, U. (2012). Das Lernen komplexer sprachlicher Strukturen – Wissenserwerb nach unterschiedlichen Lernmodi. In U. M. Röhr-Sendlmeier (Ed.), *Lebenslang lernen: Bd. 10. Inzidentelles Lernen. Wie wir beiläufig Wissen erwerben* (S. 43–85). Berlin: Logos.

Ross, B. H. (1984). Remindings and Their Effects in Learning a Cognitive Skill. *Cognitive Psychology, 16*, 371–416.

Schlagman, S., & Kvavilashvili, L. (2008). Involuntary autobiographical memories in and outside the laboratory: How different are they from voluntary autobiographical memories? *Memory & Cognition, 36*(5), 920–932. https://doi.org/10.3758/MC.36.5.920.

Schlagman, S., Kliegel, M., Schulz, J., & Kvavilashvili, L. (2009) Differential effects of age on involuntary and voluntary autobiographical memory. *Psychology and Aging 24*(2), 397–411. https://doi.org/10.1037/a0015785.

Segal, E. (2004). Incubation in Insight Problem Solving. *Creativity Research Journal, 16*(1), 141–148.

Seifert, C. M., Meyer, D. E., Davidson, N., Patalano, A. L., & Yaniv, I. (1995). Demystification of Cognitive Insight: Opportunistic Assimilation and the Prepared-Mind Perspective. In R. J. Sternberg & J. E. Davidson (Eds.), *The Nature of Insight* (S. 65–124). Cambridge, Mass: MIT Press.

Shah, J. Y., & Kruglanski, A. W. (2002). Priming against your will: How accessible alternatives affect goal pursuit. *Journal of Experimental Social Psychology, 38*(4), 368–383. https://doi.org/10.1016/S0022-1031(02)00005-7.

Sio, U. N., & Ormerod, T. C. (2009). Does incubation enhance problem solving? A meta-analytic review. *Psychological Bulletin, 135*(1), 94–120. https://doi.org/10.1037/a0014212.

Sio, U. N., & Ormerod, T. C. (2014). Incubation and cueing effects in problem-solving: Set aside the difficult problems but focus on the easy ones. *Thinking & Reasoning, 21*(1), 113–129. https://doi.org/10.1080/13546783.2014.886626.

Sio, U. N., Kotovsky, K., & Cagan, J. (2016). Interrupted: The roles of distributed effort and incubation in preventing fixation and generating problem solutions. *Memory & Cognition. Advance online publication.* https://doi.org/10.3758/s13421-016-0684-x.

Smith, S. M., & Vela, E. (1991). Incubated reminiscence effects. *Memory & Cognition, 19*(2), 168–176.

Storm, B. C., & Angello, G. (2010). *Overcoming fixation. Creative problem solving and retrieval-induced forgetting.* Psychological Science, 21(9), 1263–1265. https://doi.org/10.1177/0956797610379864.

Topolinski, S., & Reber, R. (2010). Gaining insight into the "Aha" experience. *Current Directions in Psychological Science, 19*(6), 402–405.

Webster, A., Campbell, C., & Jane, B. (2006). Enhancing the Creative Process for Learning in Primary Technology Education. *International Journal of Technology and Design Education, 16*(3), 221–235. https://doi.org/10.1007/s10798-005-5633-0.

Westen, D. (1999). The Scientific Status of Unconscious Processes: Is Freud Really Dead? *Journal of the American Psychoanalytic Association, 47*(4), 1061–1106. https://doi.org/10.1177/00030651990470040404.

Yang, H., Chattopadhyay, A., Zhang, K., & Dahl, D. W. (2012). Unconscious creativity: When can unconscious thought outperform conscious thought?. *Journal of Consumer Psychology, 22*(4), 573–581.

Dr. Jana Antosch-Bardohn ist promovierte Psychologin und Pädagogin, Kommunikations- und Hochschuldidaktiktrainerin, Moderatorin und Mediatorin. Seit 20 Jahren arbeitet sie als Trainerin, Trainerausbilderin und wissenschaftliche Mitarbeiterin in der Personalqualifikation PROFiL der LMU München sowie dem Münchner Weiterbildungsinstitut Sprachraum. Thematische Schwerpunkte sind Kreativitäts- und Inkubationsprozesse, interaktive Lehr-/Lernmethoden, Motivation und Konfliktmanagement.

Impulse

Begriffsklärung mit Methoden nach dem ‚Pyramidenprinzip' – ein Vorschlag zur Synergie zwischen Forschung und Lehre

Melanie Förg

Zusammenfassung

Begriffsklärung ist für Forschung wie für Lehre zentral: Forschung bedeutet oft, die gängigen Definitionen der zentralen Begriffe und Konzepte eines Themas darzustellen und zu diskutieren. Ebenso bedeutet Lehre oft, die gängigen Definitionen der zentralen Begriffe und Konzepte eines Themas darzustellen und zu diskutieren. Diese Parallele stellt für Forschende, die zugleich lehren, ein ungenutztes Synergiepotenzial dar. Der Beitrag widmet sich daher verschiedenen Methoden, die zur Begriffsklärung verwendet werden können, und stellt diesen das ‚Pyramiden-Prinzip' voran, welches die Auswahl der jeweils zielführenden Methode ermöglicht.

Schlüsselwörter

Begriffe klären • Definitionen sammeln • Einstieg • Ergebnissicherung • Erste Sitzung • Kriterien • Letzte Sitzung • Methodenauswahl • Synergie zwischen Forschung und Lehre • Verschiedene Methoden • Zusammenfassung

M. Förg (✉)
Office for Research and Innovation, TUM ForTe – Forschungsförderung & Technologietransfer, München, Deutschland
E-Mail: foergmelanie@gmail.com

© Der/die Herausgeber bzw. der/die Autor(en), exklusiv lizenziert an Springer Fachmedien Wiesbaden GmbH, ein Teil von Springer Nature 2024
J. Noller et al. (Hrsg.), *Lehre und Forschung,* Perspektiven der Hochschuldidaktik,
https://doi.org/10.1007/978-3-658-45556-9_5

1 Begriffsklärung als ungenutztes Synergiepotenzial zur Verbindung von Forschung und Lehre

Begriffsklärung ist für Forschung wie für Lehre zentral: Forschung bedeutet oft, die gängigen Definitionen der zentralen Begriffe und Konzepte eines Themas darzustellen und zu diskutieren.[1] Ebenso bedeutet Lehre oft, die gängigen Definitionen der zentralen Begriffe und Konzepte eines Themas darzustellen und zu diskutieren. Für Forschung wie für Lehre gilt diese Notwendigkeit der Begriffsklärung besonders zu Beginn eines Forschungsprojekts oder einer Lehreinheit. Daher können sich hier Synergieeffekte ergeben, wenn Personen zugleich forschen und lehren. Forschung und Lehre bilden dann in der Person der Forschenden eine Einheit. Von dieser Einheit, der Verbindung von Forschung und Lehre, können Forschende wie Studierende gleichermaßen profitieren.

Forschende können bei der Begriffsklärung von der Lehre profitieren: Das Diktum „am Ende opfern Sie wertvolle Forschungszeit" für die Lehre (Osterroth 2021, S. 4) gilt im Falle der Begriffsklärung nicht. Erstens, weil Studierende einen unvoreingenommenen und alltagsnahen Blick auf das Thema haben und so Perspektiven aus dem Alltag ergänzen können, welche die Forschenden ggf. vergessen (haben); zweitens, weil in vielen Wissenschaften Alltagssprache und Intuitionen relevant für die Forschung sind – und sei es nur, um sich davon abzugrenzen.

Studierende können ebenso gerade bei der Begriffsklärung von der Lehre profitieren: Erstens, weil es in aller Regel zu guter Lehre gehört, die zentralen Begriffe und ihre gängigen Definitionen zu unterrichten. Denn diese bilden oft die Grundlage für Diskussionen über das Seminarthema; zweitens, weil die Studierenden für Definitionen und Diskussionen im Alltag sensibilisiert werden. Denn die Klärung von zentralen Begriffen ist auch im außeruniversitären Alltag oft grundlegend, um überhaupt eine sinnvolle Diskussion führen zu können. Dies gilt beispielsweise für den Begriff der Diskriminierung, von dem wir – Studierende wie nichtspezialisierte Dozierende – intuitiv zu wissen glauben, was damit gemeint ist, nämlich die Benachteiligung von Personen aufgrund ihrer Gruppenzugehörigkeit. Schwierig aber wird die Definition von ‚Diskriminierung' z. B. in Fällen sogenannter ‚positiver' Diskriminierung, in denen Personen aufgrund ihres

---

[1] Ich danke allen Teilnehmenden des 3. Symposiums des Münchner Dozierenden-Netzwerks (MDN) zum Thema „Forschung und Lehre – Widerspruch oder Synergie?" an der LMU München (09.–10.10.2019) für ihre hilfreichen Fragen sowie Jörg Noller für seine Kommentare zur schriftlichen Ausformulierung dieses Beitrags.

Geschlechts bevorzugt eingestellt oder aufgrund ihres Alters priorisiert behandelt werden: Es erscheint intuitiv sinnvoll, in einem Frauenhaus nur weibliche Psychologinnen einzustellen oder im Falle eines Versorgungsengpasses nur alte Menschen zu beatmen; wie aber können diese Fälle in die genannte Definition von Diskriminierung einbezogen werden? (siehe Klonschinski 2020, S. 134 f.). Hier braucht es eine genauere Definition der Diskriminierung wie auch der Begriffe ‚Alter', ‚Geschlecht' und ‚Rechte', ohne die auch im außeruniversitären Alltag keine sinnvolle Diskussion stattfinden kann. Studierende können hier Wissen aus ihrem Alltag und anderen Studienfächern einbringen; eine solche Einbindung des Vorwissens und der Heterogenität der Studierenden ist ein Kennzeichen studierendenzentrierter Hochschullehre (siehe Noller et. al. 2021, S. V). Von diesem Vorwissen können wiederum Dozierende profitieren.

Um solche Synergieeffekte zu nutzen, fehlt allerdings vielfach nicht nur das Bewusstsein, sondern es bedarf auch einer Methodik: Welche Methode zur Begriffsklärung eignet sich für welche Lerngruppe, zu welchem Lernziel und zu welchem Forschungszweck? Hier schafft der folgende Vorschlag Abhilfe: Verbreitete Methoden zur Begriffsklärung werden unter einem Prinzip zusammengefasst, dem ‚Pyramidenprinzip'. Dieses hilft bei der Methodenauswahl.

2   Das Pyramidenprinzip (Abb. 1)

Die folgenden Methoden werden in der (Schul-) Pädagogik und Erwachsenenbildung oft – vielfach im Sinne ‚grauer' Literatur – verwendet. In anderen Fächern werden sie dagegen kaum oder nur als einzelne Methoden, nicht aber unter einem Prinzip genutzt. Zur Wahl der richtigen, d. h. zur jeweiligen Gruppe und zum jeweiligen Setting passenden, Methode kann das für diesen Beitrag konzipierte ‚Pyramidenprinzip' herangezogen werden. Zum Zweck der Begriffsklärung gibt es meines Wissens bisher kein ähnliches Prinzip für die Methodenauswahl. Zur Auswahl von Unterrichtsmethoden im Allgemeinen kann z. B. das gängige AVIVA-Schema herangezogen werden (siehe Meyer et al. 2018, S. 2 f.): Das Akronym steht für die jeweiligen Phasen der Lerneinheit (A: Ausrichten, V: Vorwissen aktivieren, I: Informieren, V: Verarbeiten, A: Auswerten), nach denen die Methoden auszuwählen sind. Begriffsklärung ist gemäß dem AVIVA-Schema vor allem in den Phasen ‚V: Vorwissen aktivieren' und ‚A: Auswerten' sinnvoll, d. h. als Einstieg oder als Ergebnissicherung, wozu sich bes. die Einzeldefinitionen (siehe Abschn. 3.1) und die Archäologiemethode (siehe Abschn. 3.4) eignen; je nach Methode und ihrer konkreten Durchführung können aber auch Informieren und Verarbeiten Lernziele sein (siehe dazu Abschn. 3.2 und 3.3). Im Folgenden

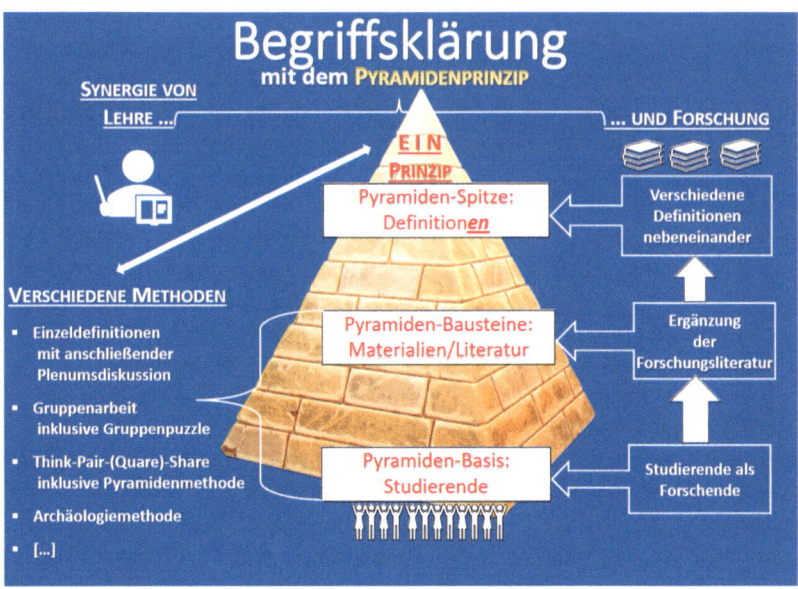

Abb. 1 Graphische Zusammenfassung des Pyramidenprinzips. (Eigene Darstellung)

wird auf das Pyramidenprinzip weiter eingegangen, um dessen neuen Beitrag zur Begriffsklärung zu erläutern.

Die Liste der einzelnen Methoden ist grundsätzlich als offener Katalog zu verstehen; sie werden unten erläutert. Zur Bestimmung der passenden Methode dient das Bild der Pyramide: Erstens wird von der ‚Pyramiden-Basis' der Studierenden aus gearbeitet, indem deren Definitionen berücksichtigt werden. Neben dieser basisdemokratischen Vorgehensweise besteht die Analogie zur Pyramide zweitens im Material der Konstruktion: ‚Pyramiden-Bausteine', d. h. Elemente von schon vorhandenem Wissen, können – je nach Methode und Lernziel – vorgegeben werden. Die Pyramiden-Spitze beschreibt drittens das Lernziel der gemeinsamen Definition, das freilich ‚überspitzt' ist: In der Regel ist es wünschenswert, am Ende mehrere Definitionen nebeneinander stehen zu lassen, nicht nur eine einzige (‚Spitze'). Denn gewöhnlich finden sich auch in der Fachliteratur mehrere Definitionen. Die Methoden sollen aber dazu dienen, die Diskussion auf wenige Definitionen zuzuspitzen.

Die Synergie zwischen Forschung und Lehre ergibt sich aus drei Merkmalen einer gedachten Pyramide: Studierende werden (als Pyramiden-Basis) zu Forschenden, indem sie die Forschungsliteratur durch eigene Definitionen (Pyramiden-Bausteine) ergänzen. Dozierende erhalten somit als Ertrag ihrer Lehre mehrere Definitionen nebeneinander (Pyramiden-Spitze), die idealerweise die Forschung ergänzen.

3   Die einzelnen Methoden

3.1   Einzeldefinitionen mit anschließender Plenumsdiskussion

Dieses im Vergleich einfachste Vorgehen erfordert keinerlei Vorbereitung: Die Studierenden werden aufgefordert, ihre eigene Definition schriftlich zu notieren. Anschließend werden die Gemeinsamkeiten und Unterschiede der Definitionen im Plenum zusammengefasst und diskutiert. Dazu können die Definitionen vorgelesen oder visualisiert werden. Dozierenden kommt dabei die Rolle der Moderation zu.

Für die Bereicherung ihrer Forschung sollten Dozierende v. a. zwei Punkte bedenken: Erstens gehen bei einer großen Seminargruppe oft wichtige Beiträge unter, sei es aus Mangel an Zeit, Sichtbarkeit oder an Beteiligung einzelner Studierender. Hier hilft eine Visualisierung oder als Zwischenschritt der Austausch über die Definitionen in Gruppen, was der Think-Pair-Share-Methode gleichkommt (siehe Abschn. 3.3 unten). Zweitens sind beim Einsatz der Methode zu Beginn eines Seminars die Definitionen und Begriffsverständnisse der Studierenden meist noch zu wenig präzise und gehaltvoll, um die Forschung bereichern zu können – es sei denn, dieses unvoreingenommene Alltagsverständnis ist erwünscht. Andernfalls eignet sich die Methode eher in der letzten Sitzung oder als Abschluss einer thematischen oder zeitlichen Einheit – bei Letzterer ist z. B. an die Sitzung vor der Weihnachtspause zu denken.

Für die Bereicherung ihrer Lehre sollten Dozierende bedenken, dass sich die Methode v. a. zur Ergebnissicherung eignet: am Ende der ersten oder letzten Sitzung sowie in der Mitte des Semesters, um Zwischenergebnisse festzuhalten. Diese Ergebnisse können den Dozierenden ähnlich einer Zwischenevaluation als Rückmeldung dienen. Nach einer Seminarpause ist im Falle einer Visualisierung der Definitionen zudem die Wiederholung anhand der Visualisierung(en) möglich.

3.2   Gruppenarbeit inklusive Gruppenpuzzle (auch: ‚Jigsaw-Methode', Stamm- und Expertengruppen)

Bei dieser Methode (siehe z. B. Hoffmann und Kiehne 2016, S. 65 f.; Kandler 2010, S. 13) arbeiten die Studierenden zunächst in Gruppen an gemeinsamen Definitionen. Zu diesen kann Material vorgegeben werden – von kurzen Definitionen bis hin zu umfangreichen Aufsätzen als Vorbereitung auf eine Seminarsitzung. Die Gruppen können entweder arbeitsgleich (Vorgabe gleichen Materials) oder arbeitsteilig (Vorgabe verschiedener Materialien) sein. Anschließend werden die Ergebnisse, d. h. die Definitionen, im Plenum vorgestellt, verglichen und ggf. zusammengefasst.

Arbeitsgleiche Gruppen erarbeiten jeweils eine Definition in ihrer Gruppe. Arbeitsteilige Gruppenarbeit erfordert eine aufwendigere Organisation als sogenanntes ‚Gruppenpuzzle': Die Studierenden wechseln zwischen zwei unterschiedlich zusammengesetzten Gruppen, indem sie Teil einer sogenannten Stamm- und einer Expertisegruppe sind. Zur Erarbeitung speziellen Materials, etwa einer bestimmten Forschungsrichtung und deren Begriffsverständnis, kommen die Studierenden in Expertisegruppen zusammen. Anschließend werden Stammgruppen aus Studierenden verschiedener Expertisegruppen gebildet. In diesen erarbeiten die Mitglieder verschiedener Expertisegruppen eine gemeinsame Definition – und zwar auf der Grundlage der unterschiedlichen Expertise, welche die einzelnen Gruppenmitglieder mitbringen. Für die Organisation ist es in der Regel sinnvoll, den Studierenden das Vorgehen zu erläutern und die Stamm- und Expertisegruppen von vornherein einzuteilen, auch wenn die Arbeit in den Stammgruppen erst nach der Arbeit in den Expertisegruppen erfolgt.

3.3   Think-Pair-(Quare)-Share (auch: Aktives Plenum, Pyramidenmethode)

Bei dieser Methode (siehe z. B. Hoffmann und Kiehne 2016, S. 7 f.; Kandler 2010, S. 10) bereiten Studierende ihre eigene Definition für die jeweilige Sitzung vor, die sie dann erstens paarweise („Pair") und zweitens zu dritt oder viert („Quare") zu einer gemeinsamen Definition zusammenfassen. Dieser zweite Schritt kann bei einer großen Studierendenanzahl entsprechend lange wiederholt werden, um eine Bündelung der Definitionen zu erreichen. Darauf folgt die Präsentation und Diskussion der wenigen, in den Gruppen erarbeiteten Definitionen im Plenum. Neben einer Durchführung in Präsenzform, bei der die Definitionen auf Karten und Metaplanwänden festgehalten werden, ist auch die Durchführung durch die kostenlose Online-Plattform ONCOO (https://oncoo.de) gut möglich (siehe Wipper und Schulz 2021, S. 62–64).

Werden die einzelnen Definitionen jedes Arbeitsschrittes visualisiert, ergibt sich daraus eine Pyramide: Theoretisch ist es möglich, sich auf eine einzige (Arbeits-) Definition als Konsens des Seminars zu einigen. Diese Alternative mit Visualisierung ist deshalb auch als ‚Pyramidenmethode' bekannt. Das hier vorgestellte ‚Pyramidenprinzip' ist durch diese Methode inspiriert; für die Auswahl geeigneter Methoden ist es zielführender, das dahinterstehende Prinzip zu betonen.

3.4   Archäologiemethode (auch: Archäologenkongress)

3.4.1   Überblick

Diese Methode (sieh z. B. Hoffmann und Kiehne 2016, S. 12; Kandler 2010, S. 3) ist die aufwendigste, kann für Forschung wie für Lehre aber langanhaltende Effekte erzielen. Der erste Unterschied zu den anderen Methoden ist die Aufgabe der (Re-) Konstruktion von Definitionen auf der Basis schriftlicher Vorlagen, d. h. von Karten mit einzelnen Wörtern, Pfeilen und Symbolen. Der zweite Unterschied ist, dass diese vorbereiteten Materialien für die einzelnen Gruppen identisch sind. Als Materialien können Dozierende zentrale Begriffe des Themas nehmen oder eine gängige, vollständige Definition aus der Forschungsliteratur, die in ihre einzelnen Bestandteile – in der Regel Wörter – zerlegt wird.

In einem ersten Schritt erfolgt die Rekonstruktion in arbeitsgleichen Gruppen (‚Archäolog:innenteams'). In einem zweiten Schritt werden die Ergebnisse verglichen und diskutiert (‚Archäolog:innenkongress'). Neben dem Vergleich zwischen den Definitionen der Gruppen kann auch ein Vergleich mit weiteren Definitionen aus der Forschungsliteratur sinnvoll sein, die Dozierende zusätzlich anführen.

3.4.2   Vorgehen im Einzelnen

Schritt 1: Archäolog:innenteams:

1. Einteilung in arbeitsgleiche Gruppen (z. B. durch Losverfahren)
2. Arbeitsauftrag an jede Gruppe, die Teilstücke eines Modells (Wortkarten, Pfeile, Symbole etc. als ‚Fundstücke') in Teamarbeit zu einer plausiblen Definition zusammenzusetzen
3. Diskussion in den Gruppen während der Zusammensetzung der Definitionen

Schritt 2: Archäolog:innenkongress:

4. Präsentation der Ergebnisse, d. h. Definitionen, im Plenum
5. Diskussion der Di- und Konvergenzen im Plenum

fakultativ:

6. ggf. Vergleich der erarbeiteten Definitionen mit denen der Forschungsliteratur
7. ggf. Festlegung auf eine gemeinsame Definition (Arbeitsdefinition) im Seminar

3.4.3   Hinweise zur Durchführung

Bei der Archäologiemethode ist die Beachtung der Rahmenbedingungen besonders wichtig: Es muss ausreichend Zeit zur Verfügung stehen (in der Regel *mindestens* eine Seminarsitzung). Große Anzahl und Diversität der Gruppenmitglieder sind gute Voraussetzungen für möglichst verschiedene Definitionen. Die Vorbereitung der Materialien – idealerweise mindestens drei Sets in verschiedenen Farben – ist für Dozierende recht zeitaufwendig; dafür können die Studierenden während der Gruppenarbeitsphase auch ohne Dozierende arbeiten. Dementsprechend eignet sich die Methode gut als Einstieg in ein Thema, zur (ersten) Ergebnissicherung und zur Erarbeitung von Fragen und Hypothesen für den weiteren Lernprozess (siehe Hoffmann und Kiehne 2016, S. 12). Studierende sollten (wie Forschende) ihre Fragen und Hypothesen in ein Lernjournal schreiben. So vergessen sie sie nicht und können sie im weiteren Seminarverlauf oder auch als Anregung für schriftliche Arbeiten verwenden.

Abwandlungen und Alternativen ergeben sich aus der jeweiligen Zielsetzung: Zur Zeitersparnis für Dozierende kann die Vorbereitung des Materials durch Studierende (z. B. eine Referatsgruppe) übernommen werden. Zum Training der Moderation kann die Diskussion der Ergebnisse von einzelnen Studierenden übernommen werden. Zur Ergebnissicherung und ggf. späteren Wiederholung müssen diese festgehalten werden; statt einer Fotografie ist auch ein Schreibauftrag an die Studierenden möglich, damit sie die Definitionen festhalten sowie präzisieren und ergänzen.

Zur Motivation der Studierenden sollten Dozierende die Parallelen zur Archäologie betonen, ggf. indem sie die Studierenden spielerisch als Archäolog:innen ansprechen: Die erste Phase der Gruppenarbeit in Teams entspricht dem Zusammensetzen eines Fundstücks durch Archäolog:innen. Dozierende sollten beim Arbeitsauftrag entsprechend zwei Punkte betonen: Erstens können wie bei archäologischen Funden einzelne Stücke fehlen und müssen ggf. ergänzt werden; hierzu sollten leere Wortkarten als ‚Joker' bereitgestellt werden. Zweitens können sich wie bei archäologischen Funden Stücke in der Sammlung finden, die aussortiert werden müssen. Somit wird deutlich, dass mehrere ‚(Re-) Konstruktionen' der ‚(Fund-) Stücke' möglich sind. Durch diese Betonung der Parallelen zur Archäologie wird die Motivation gesteigert und unterschiedliche Definitionen werden wahrscheinlicher (siehe Kandler 2010, S. 3).

4 Probleme der Methoden und Transfer auf die Forschungspraxis

Die einzelnen Methoden eignen sich für verschiedene Lernziele und -phasen im Seminar, und je nach Methode ist eine unterschiedliche Menge an Definitionen zu erwarten und ein unterschiedlich hoher Aufwand bei der Vorbereitung nötig (siehe Tab. 1). Auf mögliche Probleme der beschriebenen Methoden weist das Pyramidenprinzip hin: Wie erläutert (siehe Abschn. 2. oben), gehen alle Methoden von der ‚Pyramiden-Basis' der Studierenden aus, die nach der gemeinsamen Erarbeitung der ‚Pyramiden-Spitze' streben. Als Ergebnis können also entweder zu viele Definitionen stehen bleiben – besonders im Falle der Einzeldefinitionen – oder es kann so scheinen, als ob das Ziel der Konsens durch eine gemeinsam formulierte, einzige Definition wäre. Dies kann die Vorgehensweise der wachsenden Gruppenmitglieder, die sich auf eine einzige Definition einigen sollen, suggerieren – besonders im Falle der ‚Pyramidenmethode' als Abwandlung des Think-Pair-(Quare-)Share' (siehe Abschn. 3.3 oben).

Eine Prävention der Probleme besteht in der dritten Gemeinsamkeit der verschiedenen Methoden: in der Auswahl geeigneter ‚Pyramiden-Bausteine' für die jeweilige Methode. Dozierende sind hier zugleich als Forschende gefragt: Die Auswahl geeigneten Materials werden Dozierende, die mit ihrer Lehre zugleich einen Transfer auf die Forschung anstreben, am besten leisten können. Denn sie bringen die nötige Sachorientierung an der Forschungsliteratur mit, um gegen populäre und unsachgemäße Definitionen argumentieren zu können. Zudem können Dozierende stets betonen, dass die Gruppenmitglieder sich nicht einigen müssen, sondern vielmehr die Vorstellung verschiedener, nebeneinanderstehender Definitionen inklusive der Diskussion ihrer Vor- und Nachteile erwünscht ist.

Der Vorteil der Archäologiemethode ist es, dass ohnehin mehrere Definitionen der studentischen ‚Archäolog:innen', also Forschungsgruppen, als Ergebnis präsentiert werden. Genau dies ist auch eine Parallele zur Forschungspraxis, wo oft mehrere Definitionen eines Konzepts gängig sind. Studierende werden so als

Tab. 1 Überblick zu den einzelnen Methoden. (Angaben als Tendenzen, eigene Darstellung)

Methoden/Vergleichspunkte	Einzel-Definitionen	Gruppen-Puzzle	Think-Pair-(Quare-) Share	Archäologie-Methode
Lernziele	Einstieg und Ergebnissicherung	Erarbeitung	Erarbeitung	Einstieg und Ergebnissicherung
Phase im Seminar/Semester	erste oder letzte Sitzung; Semestermitte	jederzeit	jederzeit	erste oder letzte Sitzung; Semestermitte
Menge an erwarteten Definitionen	ggf. so viele wie Studierende	abhängig von der Gruppen-Anzahl	abhängig von *letzter* Gruppenanzahl, ggf. eine einzige	abhängig von der Gruppen-Anzahl
Vorbereitung	keine	mäßig	mäßig	aufwendig(er)

Forschende gesehen und in die Forschungspraxis eingebunden, wobei Dozierende für ihre Forschung profitieren.

Literatur

Hoffmann, Sarah G. und Björn Kiehne. 2016. *Ideen für die Hochschullehre. Ein Methodenreader*. Universitätsverlag der TU Berlin (Fokus gute Lehre – Transferideen aus den Berliner Hochschulen 1). https://doi.org/10.14279/depositonce-4916. Zugegriffen: 28. Apr. 2020.

Kandler, Maya. 2010. *Methodensammlung für Oberstufe, Jugendarbeit und Erwachsenenbildung*. Fachstelle Religionspädagogik Bern. http://glaubenssichten.kathbern-blog.ch/wp-content/uploads/2010/08/methoden-sammlung.pdf. Zugegriffen: 28. Apr. 2020.

Klonschinski, Andrea. 2020. Einleitung: Was ist Diskriminierung und was genau ist daran moralisch falsch? *Zeitschrift für Praktische Philosophie* 7(1): 133–154. https://doi.org/10.22613/zfpp/7.1.5.

Meyer, Barbara E.; Antosch-Bardohn, J.; Beckmann, M.; Beege, B.; Frauer, C.; Hendrich, A.; Hübner, C. und N. Primus. 2018. Münchner Methodenkasten. https://www.profil.uni-muenchen.de/profil/publikationen/muenchner-methodenkasten/index.html. Zugegriffen: 05. Sep. 2021.

Noller, Jörg; Beitz-Radzio, Christina; Kugelmann, Daniela; Sontheimer, Sabrina und Sören Westerholz. 2021. Vorwort. In: Dies. (Hrsg.): *Studierendenzentrierte Hochschullehre. Von der Theorie zur Praxis*. Wiesbaden: Springer VS, V-VI.

Osterroth, Andreas. 2021. *Basiswissen Hochschullehre. Methodik – Didaktik – Evaluation*. Wiesbaden: Springer VS.

Wipper, Anja und Alexandra Schulz. 2021. *Digitale Lehre an der Hochschule. Vom Einsatz digitaler Tools bis zum Blended-Learning-Konzept* (Kompetent Lehren XI). Opladen und Toronto: Barbara Budrich.

Melanie Förg (M. A., LAss.) promoviert zur neo-aristotelischen These der Einheit der Tugenden in philosophischen Bildungsprozessen an der Christian-Albrechts-Universität zu Kiel und arbeitet an der Technischen Universität München im Team der Talent- und Wissenschaftsforderung sowie freiberuflich als Lehrerin für Deutsch als Fremdsprache. Sie studierte Germanistik, Latinistik, Philosophie/Ethik und Erziehungswissenschaften (Staatsexamina) sowie berufsbegleitend Philosophie (Master), Katholische Theologie (Staatsexamen) an der Ludwig-Maximilians-Universität München und Interkulturelle Erwachsenenbildung (Zertifikat) an der Hochschule für Philosophie München. Nach ihrem II. Staatsexamen 2012 unterrichtete sie bis 2014 ausschließlich, anschließend in Teilzeit neben den oben genannten Studiengängen. Sie hat Erfahrung im Unterrichten an verschiedenen Schulformen (Gymnasium, Realschule, Mittelschule; staatlich, städtisch und kirchlich) sowie in der universitären und außeruniversitären Erwachsenenbildung.

Wie könnte eine geschlechtergerechte(re) Lehre klassischer Werke der Philosophie aussehen? Impulse der Forschung

Annika von Lüpke

Zusammenfassung

Dieser Beitrag stellt grundlegende Theoreme der Geschlechterforschung vor, die als Bausteine einer geschlechterreflektierten Hochschullehre niedrigschwellig in den Unterricht integriert werden können. Am Beispiel der Politischen Philosophie des Aristoteles wird nachvollzogen, dass allgemeine Aussagen über den Menschen oftmals Aussagen über eine kleine männliche Elite sind, dass Bezugnahmen auf Natur und natürliche Gegebenheiten im Zusammenhang politischer Ordnungsentwürfe oftmals der Herrschaftslegitimierung dienen und dass sich Macht- und Herrschaftsverhältnisse erst mittels intersektionaler Analysen adäquat beschreiben lassen.

Schlüsselwörter

Antike Philosophie • Aristoteles • Diversität • Geschlecht • Herrschaft • Intersektionalität • Kanon • Kritik • Lehre • Macht • Naturalismus • Sklaverei

1 Philosophie geschlechtergerechter lehren

Lehre, die auf Geschlechtergerechtigkeit zielt, erfordert die Berücksichtigung mehrerer Dimensionen. Zur Unterscheidung und Konzeptualisierung dieser Dimensionen sind in der Forschung verschiedene Vorschläge erarbeitet worden.

A. von Lüpke (✉)
Universität Koblenz, Koblenz, Deutschland
E-Mail: avluepke@uni-koblenz.de

© Der/die Herausgeber bzw. der/die Autor(en), exklusiv lizenziert an Springer Fachmedien Wiesbaden GmbH, ein Teil von Springer Nature 2024
J. Noller et al. (Hrsg.), *Lehre und Forschung,* Perspektiven der Hochschuldidaktik,
https://doi.org/10.1007/978-3-658-45556-9_6

Einschlägig sind die Unterscheidung je geschlechterbezogener fachlicher, sozialer, methodischer und personaler Kompetenzen (Metz-Göckel und Roloff 2002; Kaschuba und Derichs-Kunstmann 2009, S. 22) oder die Unterscheidung eines auf das Ziel der Geschlechtergerechtigkeit bezogenen Wissens, Wollens, Könnens und Dürfens (Rösgen 2003, S. 20 f.).

Unter diesen Dimensionen und Anforderungen an eine Lehrperson, die um Geschlechtergerechtigkeit bemüht ist, fokussiert der vorliegende Beitrag auf die fachliche Kompetenz bzw. die Wissensdimension.[1] Philosophie geschlechtergerechter zu unterrichten, erfordert dann beispielsweise, Primär- und Sekundärtexte diversitätsorientiert auszuwählen und das Kriterium der Vielfalt auch bei der Wahl von Beispielen, Metaphern und Gedankenexperimenten, die in der Philosophie von großer Bedeutung sind, anzulegen.[2] Über diese Mindestanforderung hinaus machen Lehrpersonen Themen und Kontroversen der philosophischen Geschlechterforschung explizit zum Thema ihrer Lehrveranstaltungen oder integrieren bei der Beschäftigung mit klassischen Texten der Philosophiegeschichte ‚Geschlecht' als Analyseperspektive (Dehler und Gilbert 2010, S. 12–14).

Es ist die letztgenannte Weise, Lehrveranstaltungen geschlechtergerechter zu gestalten, um welche es im Folgenden gehen soll. Der vorliegende Beitrag behandelt exemplarisch die geschlechterreflektierte Diskussion klassischer Seminarlektüren aus dem Fachbereich der Antiken Politischen Philosophie, wobei mit ‚klassisch' keine Wertung gemeint ist, sondern zunächst einfach solche Texte benannt werden, die als Orientierungshilfe für Studierende in Philosophiegeschichten und Lektürelisten genannt und im impliziten Kanon der akademischen Lehre fest verankert sind. In der Antiken Philosophie gehören dazu Platons *Staat* oder die *Nikomachische Ethik* des Aristoteles.[3]

---

[1] Dabei gehe ich jedoch davon aus, dass die unterschiedlichen Ebenen geschlechtergerechten Lehrens und Lernens wechselseitig aufeinander bezogen sind.

[2] Einen *Good Practice Guide* sowie eine *Liste deutschsprachiger Literatur von Philosophinnen** stellt SWIP bereit (https://swip-philosophinnen.org). Hilfreiche Materialien entwickelt außerdem das Forschungsprojekt „Wie umgehen mit Rassismus, Sexismus und Antisemitismus in Werken der Klassischen Deutschen Philosophie" an der Friedrich-Schiller-Universität Jena (https://wieumgehenmitrsa.uni-jena.de). Es seien außerdem die Arbeiten von René_Rain Hornstein empfohlen (https://rhornstein.de) sowie die Handreichung „Diskriminierungskritische Lehre. Denkanstöße aus den Gender Studies" der AG Lehre am Zentrum für transdisziplinäre Geschlechterstudien der Humboldt-Universität zu Berlin   (https://www.gender.hu-berlin.de/de/studium/diskriminierungskritik-1/broschuere-der-ag-lehre-diskriminierungskritische-lehre-denkanstoesse-aus-den-gender-studies).   Alle Seiten zuletzt aufgerufen am 8. März 2024.

[3] Aus dem Fachbereich der Antiken Philosophie sind diese beiden Texte auch für den Schulunterricht von herausragender Bedeutung (Rolf 2007).

Bestehen seitens der Lehrenden Vorbehalte gegenüber der Möglichkeit einer geschlechterreflektierten Lehre kanonischer Texte der Philosophie, werden dafür in der Forschung vielfältige Gründe angeführt, so beispielsweise eine Abwehrhaltung gegenüber der Feministischen Philosophie (Nagl-Docekal 2012) oder eine Abwehrhaltung „gegenüber der Anerkennung von Privilegien und der mit ihnen einhergehenden Unterdrückung" (Hornstein 2016, S. 17). Auch ist die geschlechterreflektierte Lehre klassischer Werke der Philosophie inhaltlich voraussetzungsreich und deswegen in der Vorbereitung des Unterrichts aufwendig. Denn wer bei der Interpretation philosophischer Texte – zumal in der Öffentlichkeit des Seminarraumes – ‚Geschlecht' als Analysekategorie zu integrieren bemüht ist, der benötigt dafür nicht nur fundierte Kenntnisse ‚seines' Textes, sondern auch der philosophischen Geschlechterforschung.[4] Diese wiederum können nicht vorausgesetzt werden, solange die philosophische Geschlechterforschung innerhalb der institutionalisierten akademischen Philosophie randständig und mitunter isoliert ist (Fricker und Hornsby 2000; Landweer et al. 2012). Kritisch bilanziert Herta Nagl-Docekal (2012, S. 240 f.):

> Man kann nur mit Befremden notieren, dass hier noch immer eine weitgehende Diskursspaltung existiert: Zum einen unterbleibt im Mainstream der Interpretationsarbeit häufig eine kritische Analyse, wo es um Ausführungen der ‚Klassiker' über Geschlechterrelationen geht; zum anderen sind im Laufe der letzten Jahrzehnte zunehmend subtile feministische Deutungen ‚klassischer' Texte vorgelegt worden, denen die ernsthafte Berücksichtigung, die sie verdienen würden, vielfach versagt bleibt.

Vor diesem Hintergrund werden im Folgenden exemplarisch drei Vorschläge erarbeitet, wie Impulse der geschlechterreflektierten Didaktik und der philosophischen Geschlechterforschung *niedrigschwellig* in den Unterricht der Praktischen Philosophie des Aristoteles integriert werden können. Dabei geht es weniger darum, einen Beitrag zur Überwindung der im Zitat diagnostizierten „Diskursspaltung" zu leisten,[5] als um einen Brückenschlag in der Lehre. Ich adressiere weder Fachleute aus der Aristotelesforschung noch aus der Geschlechterforschung, denen meine Ausführungen im einen wie im anderen Feld zu grobkörnig sein mögen, sondern Lehrende von Einführungs- und Überblicksveranstaltungen,

---

[4] Eine mit Blick auf die eigene Genderkompetenz weniger nachhaltige, aber gleichwohl begrüßenswerte Art, Geschlechter- und Vielfaltsaspekte zu integrieren, stellt die Einladung von Expert:innen in die eigenen Lehrveranstaltungen dar.

[5] Diesem Bemühen ist beispielsweise die von Nancy Tuana herausgegebene *Re-Reading the Canon*-Reihe gewidmet (https://www.psupress.org/books/series/book_SeriesReReading. html; zuletzt aufgerufen am 8. März 2024).

die diese unter Bedingungen knapper Ressourcen geschlechter- und vielfaltsbe-
wusster gestalten wollen.

Durch die Berücksichtigung der hier vorgeschlagenen Fragen und Theoreme
wird freilich noch keine geschlechtergerechte Lehre verwirklicht. So wird nur
eine der eingangs genannten Dimensionen der geschlechterreflektierten Didaktik
bearbeitet. Auch vollzieht sich die universitäre Lehre immer innerhalb von Machtverhältnissen und es tritt das Dilemma auf, dass es, um im Seminar Fähigkeiten
der Kanon-, Macht- und Herrschaftskritik zu vermitteln bzw. diese gemeinsam
einzuüben, erforderlich ist, problematisches Wissen zu rekonstruieren und auf
diese Weise immer auch zu reproduzieren (Ermert 2016; Goel 2016). Diese
Einschränkungen in der Vorbereitung zu reflektieren und im Unterricht transparent zu machen, ist unerlässlich, um die negativen Folgen der Reproduktion
der analysierten Macht- und Herrschaftsverhältnisse zumindest abzumildern.

2   Drei Bausteine für eine geschlechterreflektierte Lehre klassischer Werke der Philosophie am Beispiel des Aristoteles[6]

Es gehört zum Handwerkszeug geschlechterreflektierten Philosophierens, allgemeine Aussagen über den Menschen daraufhin zu untersuchen, ob bei ihnen
überhaupt an alle Menschen gedacht ist (Abschn. 2.1[7]). Nicht selten gewinnen
im Zuge der kritischen Textanalyse Macht- und Herrschaftsstrukturen Kontur,
die rekonstruieren zu können Studierende dazu befähigt, Herrschaftsverhältnisse
und soziale Ungleichheitslagen auch dort zu erkennen, wo sie nicht explizit zum
Thema gemacht werden (Lloyd 1979; Lettow 2018). Offen werden Macht- und
Herrschaftsansprüche dagegen häufig durch Bezugnahmen auf Natur und natürliche Gegebenheiten legitimiert (Abschn. 2.2). Diskursive Funktionalisierungen
von Natur gehören seit je zum Repertoire der Begründung und Stabilisierung von
Geschlechterverhältnissen und -differenzen, wie sie auch zur Destabilisierung und
Infragestellung derselben genutzt werden können. Die bis heute ungebrochene
Wirkmacht naturalistischer Argumente, so kann im Unterricht deutlich werden,
liegt gerade in der Vieldeutigkeit und Adaptionsfähigkeit des Naturbegriffs, dem

---

[6] Ich greife im Folgenden auch auf Überlegungen zurück, die ich, wenngleich mit anderem
Schwerpunkt, in meinem Aufsatz *Gender-Sensitive Approaches to Teaching Aristotle's
Practical Philosophy* ausgeführt habe (von Lüpke 2020).

[7] Dieses Kapitel soll hier auch als eine kurze Einführung in die Praktische Philosophie des
Aristoteles dienen und fällt daher im Vergleich mit den folgenden beiden Kapiteln länger aus.

kein eindeutiger und einheitlicher Sinn unterliegt (Daston 2018, bes. S. 15: „die Nützlichkeit des Begriffs liegt in der Komplexität des Wortes"). Mit dem Konzept der Intersektionalität kommt drittens ein für die Geschlechterforschung grundlegender Ansatz – heute längst ein Bündel von Theorien – in den Blick (Abschn. 2.3). Es sensibilisiert Studierende dafür, dass Benachteiligungen aufgrund von Geschlecht nicht isoliert bestehen, sondern mit anderen Diskriminierungsformen, etwa dem Rassismus, Klassismus (die Diskriminierung aufgrund des sozialen und ökonomischen Status), oder Ableismus (die Diskriminierung von Menschen aufgrund von physischen und psychischen Beeinträchtigungen), zusammenwirken (klassisch: Crenshaw 1989).

2.1 Aussagen über den Menschen als Aussagen über eine kleine männliche Elite

Die Bestimmung des Menschen als vernünftiges Lebewesen *(zôon logon echon)* ist für die Aristotelische Politische Philosophie zentral.[8] Denn das menschliche Glück (im Sinne eines im Ganzen gelingenden Lebens) liegt für Aristoteles in einer bestimmten Art und Weise, von der Vernunft – die der Philosoph für den besten Teil der Seele des Menschen hält – Gebrauch zu machen. Die Betätigung der Vernunft soll von höchster Qualität sein, und das nicht nur ab und zu, sondern dauerhaft (EN[9] I 6, 1098a16–18). Da der altgriechische Ausdruck *aretê,* mit dem Aristoteles diese bestimmte Art und Weise, von der Vernunft Gebrauch zu machen, bezeichnet, sowohl ‚Bestform' oder ‚Vortrefflichkeit' als

---

[8] Zum Begriff der Politischen Philosophie: Der Bereich des Ethischen und der Bereich des Politischen können im Aristotelischen Theorierahmen nicht getrennt werden. Beide Bereiche sind interdependent und bilden zusammen die „Philosophie über die menschlichen Belange" (EN X 10, 1181b15; Bien 1985; Flashar 1971; Frede 2013; Höffe 1995; Schofield 2006). Diese Disziplin untersucht das gute und gerechte Handeln des Menschen, der als Mensch nicht ohne Verbindung zu anderen sein kann. Nehmen die Ethiken vorrangig das Glücksstreben und die Handlungen des einzelnen Menschen in den Blick, so kann dieser überhaupt nur in der *polis* – und somit in einer irgendwie zu organisierenden und zu verwaltenden Gemeinschaft – gut leben (Pol. I 2, 1252b27–30). Zur Verwirklichung seines höchsten Strebensziels, der *eudaimonia,* ist der Mensch auf die Gemeinschaft angewiesen, ist immer schon als ein im staatlichen Verband Handelnder, als *zôon politikon,* gedacht. In diesem Sinne meint der Begriff der Politischen Philosophie hier den Verbund der ethischen und politischen Schriften des Aristoteles.

[9] Die in der Forschungsliteratur gebräuchlichen Abkürzungen der Werke des Aristoteles, die in diesem Beitrag erwähnt werden, sind am Ende in einem kleinen Verzeichnis aufgeschlüsselt.

auch ‚Tugend' bedeutet, kann man auch sagen, dass in Bestform und also glücklich ist, wer beständig auf gute Weise von seiner Vernunft Gebrauch macht und
somit tugendhaft handelt.

In der Seele des Menschen unterscheidet Aristoteles zwei Teile, die mit der
Vernunft zu tun haben (EN I 13): Ein Teil ist selbst vernünftig. Er bildet die
Tugenden des Verstandes aus (auch dianoetische Tugenden genannt). Ein anderer
Teil ist nicht selbst vernünftig, jedoch in der Lage, auf die Vernunft zu hören.
Hier haben die menschlichen Emotionen und Begierden ihren Sitz. Dieser Teil
bildet die Tugenden des Charakters aus (auch ethische Tugenden genannt). Entsprechend kann der Mensch auch auf zwei Weisen glücklich werden: Wer die
Tugenden des Verstandes betätigt, der führt ein Leben, das theoretischen Betrach-
tungen, mithin der Philosophie, gewidmet ist. Diese Lebensform hält Aristoteles
für die beste, räumt jedoch ein, dass die dauerhafte rein geistige Betätigung
die Möglichkeiten des Menschen übersteigt, da sie Autarkie und Bedürfnislo-
sigkeit voraussetzt (EN X 7). Als leibliche Wesen, mit Emotionen und Begierden
konfrontiert, sind Menschen auf die zweitbeste Lebensform zurückgeworfen, die
Aristoteles als politische Lebensform näherbestimmt (EN X 8, 1178a9–23). Sie
besteht in der Betätigung der Charaktertugenden.

Der Philosoph macht nun in diesem Zusammenhang vom Vernunftbegriff
sowohl im Sinne einer allen Menschen eignenden Anlage Gebrauch als auch
im Sinne der Vervollkommnung dieser Anlage: Die Vernunftfähigkeit ist die
vorausgesetzte Basis menschlicher Entwicklung, der bestmögliche Vernunftge-
brauch Ziel und Norm menschlichen Lebens; seine eigentümliche Form gewinnt
der Mensch mit der Vernunft, seine vollkommene Form mit der Tugend. Ob es
Menschen gelingt, die in ihnen angelegte Vernunft auszubilden, ist an bestimmte
Voraussetzungen gebunden. Viel hängt von der Erziehung und Bildung ab, die
Menschen erfahren (EN II 1), auch Wohlstand und politische Teilhaberechte sind
unabdingbar (EN I 9, 1099a32–b2).

Während die Ethiken[10] nun vor allem die allgemeine Entwicklung der in
der menschlichen Natur gelegenen Fähigkeiten behandeln, betont Aristoteles
in der *Politik* stärker die Unterschiede zwischen Menschen und berücksichtigt verfassungs- und rollenspezifische Differenzen. Das hat zur Folge, dass die
Bücher der Aristotelischen *Politik* die Ethiken nicht nur ergänzen, sondern auch
herausfordern: Denn es wird deutlich, dass das menschliche Glück (altgriechisch
eudaimonia) de facto nur wenigen Menschen, nämlich freien und wohlhaben-
den griechischen Männern, offensteht, während die Chancen der vielen anderen,
etwa von versklavten Menschen und denjenigen, die in der Rolle von Ehefrauen

---

[10] Gemeint sind die Aristotelischen Werke *Eudemische Ethik* und *Nikomachische Ethik*.

in einer Hausgemeinschaft leben, ein im Sinne der Aristotelischen Philosophie glückliches Leben zu führen, denkbar schlecht stehen.

Dies sei am Beispiel des Wenigen, was Aristoteles im Rahmen seiner Politischen Philosophie über die Gruppe der freien griechischen Ehefrauen sagt, näher ausgeführt. So rät der Philosoph davon ab, Bürgerinnen politische Teilhaberechte einzuräumen (Pol. II 4, 1269b13–1270a17). Ihr Handeln bleibt auf die Hausgemeinschaft beschränkt (Pol. III 4, 1277b24–27), innerhalb derer sie andere Aufgaben übernehmen als ihre Ehemänner, die Teil des Hauses *und* des Staates[11] sind, die als Herren dem Haus vorstehen und im Verbund der *polis* anderen Bürgern als Gleiche begegnen (Pol. III 1, 1274b38–41; VII 8, 1328a35 f.). Zwar betont Aristoteles, dass Ehemann und Ehefrau einander ergänzen und beide zum Erhalt der Hausgemeinschaft beitragen (Frede 2020, S. 857 f.). Auch können sie einander freundschaftlich verbunden sein (EN VIII 14, 1162a16–33). Doch gibt es für die Ehefrauen kein Über-das-Haus-Hinaus, von der staatlichen Gemeinschaft als Ermöglichungsbedingung des guten Lebens sind sie ausgeschlossen. Während die Hausgemeinschaft um der Dinge des täglichen Lebens willen gegründet wird (Pol. I 2, 1252b13 f.), wird im Staat als der höheren Gemeinschaft auch ein höheres Gut verfolgt: Der Staat besteht um des guten Lebens willen (Pol. I 1. 1252a1–7; III 9, 1280b33–35). Erst mit der staatlichen Gemeinschaft haben Menschen die Möglichkeit, sich politisch oder philosophisch zu betätigen und somit einer der beiden das menschliche Glück konstituierenden Beschäftigungen nachzugehen.[12]

Dabei ist die politische oder philosophische Tätigkeit der Einen jedoch nicht ohne die Mitwirkung der Anderen möglich. Es ist die *Funktion,* die Ehefrauen und versklavte Menschen innerhalb des Hauses haben und die darin besteht, alles Lebensnotwendige bereitzustellen, um die freien Männer für die Politik und Philosophie freizustellen, die für die Aristotelische Politische Philosophie als Ganze konstitutiv ist. Die Überlegenheit des Hausherrn und Bürgers (EN VIII 8, 1158b11–28), an der Aristoteles stets festhält, ist immer auch eine Überlegenheit kraft Funktion – eine Überlegenheit *ex officio,* wie Dorothea Frede formuliert (2020, S. 833). Denn es lassen sich Tätigkeiten im Aristotelischen

---

[11] Staatliche Gemeinschaft hier im Sinne der Gemeinschaft der freien Bürger mit politischen Teilhaberechten.

[12] Dass der Staat die Voraussetzung für die politische Lebensform, d. h. die Betätigung der Charaktertugenden, und die theoretische Lebensform, d. h. die Betätigung der dianoetischen Tugenden, darstellt, ist erklärungsbedürftig. Im Aristotelischen Verständnis tut er dies insofern, als er durch gute Gesetze und gute Erziehung die Ausbildung von Tugenden befördert und als einzig autarke Gemeinschaft alles Erforderliche bereitstellt, um Einzelne für die Philosophie freistellen zu können.

Denken anhand der durch diese Tätigkeiten erstrebten Güter hierarchisch ordnen (EN I 1). Dabei offenbaren – wie der Philosoph immer wieder am Beispiel von Herr und versklavtem Menschen ausführt – der Rang der Tätigkeit in Verbindung mit dem durch diese Tätigkeit erstrebten Gut den sozialen Rang dessen, der sie ausführt. Im Haus ist die Ehefrau mit den Notwendigkeiten des Alltags und somit lediglich mit einem Zwischenziel allen menschlichen Strebens befasst, während ihr Mann als Teil der *polis* und somit der *höchsten Gemeinschaft,* die um des *höchsten Guts* willen besteht, die dem Menschen als solchem zukommende Bestimmung zu verwirklichen sucht.

Entsprechend unterscheidet sich auch die Erziehung zukünftiger Bürgerinnen von der Erziehung zukünftiger Bürger. Erziehung ist im Aristotelischen Denken in einem wohlgeordneten Staat auf das Gute, d. h. auf die Tugend gerichtet (EN I 10, 1099b29–32). Doch fasst Aristoteles die Tugenden für Bürgerinnen und Bürger unterschiedlich. Es sei deutlich, dass

> die besonnene Mäßigung bei Frau und Mann nicht identisch ist, auch nicht Tapferkeit und Gerechtigkeit [...], vielmehr ist die eine (Form von) Tapferkeit dem Herrschenden eigentümlich, eine andere den Dienenden, und das gleiche gilt für die anderen genannten Eigenschaften.[13]

Der Tugendkatalog der Aristotelischen Ethik reflektiert die gesellschaftlichen Erwartungen an die Bürger der *polis*: Ihre Eigenmacht, mithin ihr Fehlverhalten, sucht der Philosoph in geordnete Bahnen zu lenken und auf die *polis*-Moral auszurichten: Tapferkeit erweist sich im Kampf, Besonnenheit im Umgang mit sexuellem Begehren und die allgemeine Gerechtigkeit ist ein Oberbegriff für alle Charaktertugenden, sofern diese zum Wohle der Mitbürger eingesetzt werden und zum Erhalt der politischen Gemeinschaft beitragen (EN V 3, 1129b17–27). Als prinzipiell Gleiche sind alle Bürger an der Herrschaft im Staat beteiligt, mal als Herrschende, mal als Beherrschte – zu beidem müssen sie bereit und fähig sein (Pol. III 4, 1277a25–27 und b13–16). Einen solchen Wechsel sieht Aristoteles in der häuslichen Gemeinschaft von Ehefrau und Ehemann nicht vor (Pol. I 12, 1259b9). Das durchgehend binäre Geschlechterverhältnis ist als ein einseitiges Herrschaftsverhältnis konstruiert: Die Ehefrauen unterliegen im Haus der Herrschaft ihres Mannes und werden in allen öffentlichen Belangen durch männliche Vormünder vertreten. Ihre Tugend ist dienend (Lienemann 2021).

So erweist sich die Aristotelische Politische Philosophie bei näherem Hinsehen als elitär. Kommt die Vernunft auch allen Menschen zu, ist ihre vortreffliche

---

[13] Pol. I 13, 1260a20–25; Übersetzung: Schütrumpf 2012.

Betätigung und somit das glückliche Leben doch für die meisten Menschen uner-
reichbar. Vielmehr vermag innerhalb einer Hausgemeinschaft allein der Hausherr
die menschliche Natur zu realisieren, immer vorausgesetzt, dass die anderen
erwachsenen Menschen dieses Haushalts für ihn arbeiten.

Daher ist auch fraglich, ob die Aristotelische Theorie zutreffend als andro-
zentrisch beschrieben ist. Denn das für den Menschen realisierbare Glück
fällt zwar ausschließlich Männern, jedoch keinesfalls allen Männern zu (Spelman 1994, S. 117). Versklavte Menschen und überhaupt all jene, die beispielsweise im Handwerk von ihrer Hände Arbeit leben, sind von politischer Teilhabe
und menschlichem Glück ausgeschlossen (Pol. III 4, 1277a33–b1). Es wird
im Folgenden zu zeigen sein, dass erst mithilfe intersektionaler Zugänge, wie
sie in der Geschlechterforschung entwickelt worden sind, die hier vorliegenden
Herrschaftsverhältnisse und sozialen Ungleichheiten adäquat beschrieben werden
können (Abschn. 2.3).

2.2 Bezugnahmen auf Natur zur Begründung differenztheoretischer und hierarchischer Geschlechterbilder

Als ein Gleicher unter Gleichen ist jeder männliche Bürger des Staates zu
politischer Teilhabe berechtigt. Innerhalb des *oikos* hingegen, der häuslichen
Gemeinschaft, begegnen sich die Menschen im Verständnis des Aristoteles
nicht als Gleiche. Vielmehr nimmt der Hausherr, der als Vater, Ehemann und
Herr versklavter Menschen über die anderen Mitglieder des Hauses herrscht
(EN VIII 12, 1160b31–32; Pol. I 2 und 3 und I 12, 1259a37–b1), eine überle-
gene Stellung ein. Während die anderen Mitglieder der häuslichen Gemeinschaft
arbeiten, um alltägliche lebensnotwendige Bedürfnisse zu stillen, das Überle-
ben des Hauses zu sichern und dem Hausherrn und dem Staat nützlich zu sein,
ist der Hausherr selbst freigestellt, sich philosophisch oder politisch zu betätigen und somit die dem Menschen als solchem zukommende Bestimmung zu
verwirklichen.

Wie aber rechtfertigt Aristoteles den Ausschluss der Ehefrauen und versklavten Menschen von politischer Teilhabe und menschlichem Glück?

Als zentral erweisen sich in diesem Zusammenhang Bezugnahmen auf Natur
und natürliche Gegebenheiten – der sogenannte ‚Politische Naturalismus' wird
oft als ein charakteristisches Merkmal der Aristotelischen Politischen Philosophie angeführt. Dabei darf jedoch kein eindeutiges und einheitliches Verständnis

von Natur unterstellt werden. Vielmehr arbeitet der Philosoph im Rahmen seiner Politischen Philosophie mit ganz unterschiedlichen Naturbegriffen, wobei er selbst die Bedeutung ‚Wesen/Beschaffenheit' als die primäre auszeichnet (Met. Δ 4, 1014a13–15). Diese ist auch hier entscheidend: Nicht nur der individuelle Mensch hat ein eigentümliches Wesen, sondern Aristoteles spricht vor allem auch über die Natur des Menschen und über eigentümliche Wesen von Mitgliedern sozialer Gruppen.

Über die im Haus unterlegenen Gruppen sagt er, dass

> es *von Natur* mehrere Arten von Herrschenden und Beherrschten gibt; denn auf eine andere Weise herrscht der Freie über den Sklaven und das Männliche über das Weibliche und der Vater über das Kind und in jedem sind die genannten Seelenteile vorhanden, aber sie sind in verschiedener Weise vorhanden: Der Sklave besitzt die *Fähigkeit zu praktischer Vernunft (to bouleutikon)* überhaupt nicht, die Frau besitzt sie zwar, aber nicht voll wirksam *(akyron)*, auch das Kind besitzt sie, jedoch noch nicht voll entwickelt *(atelês)*.[14]

Aristoteles hatte zuvor als ein Prinzip der universalen Natur eingeführt, dass sie in Gemeinschaften stets einen herrschenden und einen beherrschten Teil zusammenbringe, und diese Struktur als „notwendig" und „nützlich" charakterisiert (Pol. I 5, 1254a21–b14). Auch die Verbindung von Mann und Frau sei Ausdruck dieser Natur als eines in sich differenzierten, geordneten Ganzen. Die Ordnung der Natur fasst Aristoteles teleologisch. Ihr hierarchischer Charakter lasse es nicht nur zu, Herrschende und Beherrschte zu unterscheiden, sondern verlange, dass der jeweils Bessere herrscht. Dabei wird die Position des Besseren – wiederum mit Hinweis auf die Natur – dem Mann zugesprochen:

> Ferner ist im Verhältnis (der Geschlechter) das Männliche *von Natur* das Bessere, das Weibliche das Geringerwertige, und das eine herrscht, das andere wird beherrscht.[15]

Der hierarchischen und binären Ordnung, die Aristoteles hier als natürliches Strukturprinzip vorstellt, korrespondieren unterschiedliche Befähigungen bei unterschiedlichen Menschengruppen, die es erlauben, diesen innerhalb des Herrschaftsgefüges einen Platz zuzuweisen: Es herrscht der Ehemann über die Ehefrau, der Herr über den versklavten Menschen, der Vater über das Kind, weil

---

[14] Pol. I 13, 1260a7–14; Übersetzung: Schütrumpf 1991. Hervorhebung durch Kursivierung von mir.

[15] Pol. I 5, 1254b13 f.; Übersetzung: Schütrumpf 1991. Hervorhebung durch Kursivierung von mir.

allein der Hausherr und Bürger die praktische Vernunft als leitendes Vermögen voll besitzt. Versklavte Menschen hingegen besäßen die Fähigkeit zu praktischer Vernunft überhaupt nicht, während sie bei Ehefrauen nicht voll wirksam und bei Kindern noch nicht voll entwickelt sei.

Zwei Beobachtungen zum Text seien an dieser Stelle hervorgehoben:

i. Mit der praktischen Vernunft ist ein seelisches Vermögen angesprochen. Für das Verständnis der Geschlechterverhältnisse in der Aristotelischen Politischen Philosophie ist entscheidend, dass der Herrschaftsanspruch des Mannes mit einer Überlegenheit *in Eigenschaften der Seele* – und nicht etwa mit den unterschiedlichen Zeugungsbeiträgen von Männchen und Weibchen oder anderen Thesen aus den biologischen Schriften begründet wird (Föllinger 1996, S. 184). Biologische und ethisch-politische Perspektivierungen von Geschlecht sind bei Aristoteles getrennt (Connell 2016, S. 1–52). Der Philosoph fordert ausdrücklich – und durchaus in didaktischer Absicht –, dass die praktischen Disziplinen aus sich selbst heraus verstanden werden müssen.

ii. Den unterschiedlichen innerseelischen Verhältnissen der Menschen korrespondieren, so die Argumentation des Aristoteles, unterschiedliche Charaktertugenden und Tätigkeiten. Dabei ist nun entscheidend, dass die auf die gute Erfüllung der Aufgaben im Haus gerichtete Tugend der Ehefrauen Gegenstand von Erziehung und Gewöhnung und somit erlernt ist. Die Eignung der Frau für ihre besonderen Aufgaben im *oikos* wird von Aristoteles gerade nicht an körperlichen Merkmalen festgemacht. Sofern es sich um durch Erziehung und Gewöhnung erlernte Tugenden handelt, bleibt die Frage der körperlichen Veranlagung zumindest offen. Die Natur der Frau ist eine werdende, sich ausbildende und insofern auch wandelbare Natur.

Aristoteles macht im Zusammenhang seiner Politischen Philosophie von verschiedenen Naturbegriffen und Natürlichkeitsbehauptungen Gebrauch und nutzt diese u. a. auch dazu, differenztheoretische und hierarchische Geschlechterbilder zu legitimieren. In Form und Funktion überaus vielseitig erbringen Bezugnahmen auf Natur im Rahmen der Praktischen Philosophie seit je Begründungsleistungen – durchaus auch mit emanzipatorischem Impetus.[16] Die Arbeit am Naturbegriff, den Dieter Birnbacher ein „semantisches Chamäleon"[17] nennt – beispielsweise anhand seiner zahlreichen und ganz unterschiedlichen Metaphern

---

[16] Siehe beispielsweise die wirkmächtige *care*-Ethik Carol Gilligans (*In a Different Voice*, 1982).

[17] Birnbacher 2006, S. 6.

und Antonyme, der Begriffsgeschichte oder seiner Derivate (allen voran das oft gedankenlos und ubiquitär gebrauchte ‚natürlich') –, befähigt Studierende, Natur-Argumente als solche zu erkennen und zu prüfen. Dies ist im Fall politischer Diskurse dringlich, da hier durch Bezugnahme auf ‚Natur' Machtansprüche geltend gemacht werden. Insofern die Natur dabei häufig als Gegensatz zum Gemachten – dem Bereich des Menschen – verstanden wird, legen Natur-Argumente nahe, dass die durch sie beschriebenen Verhältnisse menschlicher Einflussnahme nicht nur nicht zugänglich, sondern notwendig und unveränderlich sind.

2.3 Intersektionale Analysen als Schlüssel zu einem differenzierten Verständnis sozialer Ungleichheiten

Von Natur ist also das Weibliche und das Sklavische geschieden; denn *die Natur* geht nicht sparsam vor und stellt nichts von der Art her wie Schmiede das (vielfältig verwendbare) Delphische Messer, sondern jeweils einen Gegenstand für jeweils einen *Zweck*. Denn jedes *Werkzeug* wird dann die höchste Vollendung erhalten, wenn es nicht vielen Aufgaben, sondern einer einzigen zu dienen hat.[18]

Aristoteles macht hier zunächst geltend, *dass* ein Unterschied zwischen „Weiblichem" und „Sklavischem" bestehe und begründet dies wiederum mit der Ordnung der Natur, die zweckmäßig sei. Im nächsten Gedankenschritt sind ‚das Weibliche' und ‚das Sklavische' als Werkzeuge, die unterschiedliche Aufgaben zu erfüllen haben, näherbestimmt. Der Zweck, der durch ihren Gebrauch verfolgt wird, ist der übergeordnete Zweck des Herrn.

Die Unterscheidung zwischen der Gruppe versklavter Menschen und der Gruppe derjenigen, die als Ehefrauen dem Haus vorstehen, entspricht der für das antike politische Denken konstitutiven Unterscheidung zwischen freien und unfreien Menschen (Bradley 2008, S. 483; Finley 1959, S. 164). Elizabeth V. Spelman machte in ihrem Buch *Inessential Woman: Problems of Exclusion in Feminist Thought* bereits 1988 darauf aufmerksam, dass diese beiden Gruppen gleichwohl zusammengehören, da zu der Gruppe versklavter Menschen immer auch Frauen gehören. "Ain't I A Woman?", soll 1851 die Sklavin Sojourner Truth gefragt haben (Degele 2019, S. 342) und sie bringt mit dieser Frage eine der Grundeinsichten der Geschlechterforschung auf den Punkt: Verschiedene Formen

---

[18] Pol. I 2, 1252b1–5; Übersetzung: Schütrumpf 1991, mit kleinen Änderungen. Hervorhebungen durch Kursivierung von mir.

der Diskriminierung überlagern einander und wirken zusammen. Die Herabsetzung versklavter Menschen erfolgt unabhängig von ihrem Geschlecht aufgrund ihres Status als Unfreie. Die Herabsetzung der griechischen Ehefrauen hingegen erfolgt angesichts ihres im Vergleich höheren Status als Freie aufgrund von Geschlecht.

Mittels intersektionaler Zugänge lässt sich ein umfassenderes Bild der auf die Erfüllung einer bestimmten, aus Sicht der Herrschenden ökonomisch notwendigen sozialen Rolle hin konstruierten ‚Natur der Frau' in der Politischen Theorie des Aristoteles zeichnen. Exemplarisch wird deutlich, dass Antike Philosophie und Geschlechterforschung sich wechselseitig wertvolle Anregungen geben können: In Forschungsarbeiten zur Antiken Philosophie führen intersektionale Analysen zu einem differenzierteren Verständnis sozialer Ungleichheiten. In der Feministischen Philosophie hingegen ist die dort oft unbeachtete Unterscheidung der Naturphilosophie von der Praktischen Philosophie bei Aristoteles zu berücksichtigen: Die Eignung von Frauen für ihre besonderen Aufgaben im *oikos* wird von Aristoteles nicht an körperlichen Geschlechtsmerkmalen, gar einem spezifischen Beitrag zur Fortpflanzung festgemacht, wie auch keinesfalls alle männlich kategorisierten Personen zu herrschen begabt sind. Wer im Sinne des Aristotelischen *oikos*-Begriffs Hausfrau oder Hausherr wird, ist mit der körperlichen Anlage weder erklärt noch entschieden.

3   Zusammenfassung und Ausblick

Voranstehend sind Grundaussagen der Politischen Philosophie des Aristoteles als einer „Philosophie über die menschlichen Belange" (EN X 10, 1181b15) kritisch reflektiert worden. Sowohl die These von der Vernunftbegabung des Menschen, von seinem Streben nach Glück, das sich nun gerade in der Betätigung der Vernunft erfüllt, als auch die Bestimmung des Menschen als politisches Lebewesen erscheinen fragwürdig, wo versklavten Menschen und Ehefrauen praktische Vernünftigkeit im Vollsinne abgesprochen und sie von politischer Teilhabe und menschlichem Glück ausgeschlossen werden. Auch sind Differenzen in der Verwendung der Begriffe, insbesondere des Naturbegriffs, offenkundig geworden. Diese Differenzen, die den Texten immanent sind, können bei genauer Lektüre als solche erkannt werden. Damit stellt sich die Aufgabe einer Lehre, die dem Vorbild der Forschung folgt und sich nicht darin erschöpft, lediglich wiederzugeben, was in der Philosophiegeschichte geschrieben worden ist, sondern die darüber hinaus auf eine kritische Aneignung und ein Weiterdenken zielt. Wo es dabei inhaltlich um Machtverteilung und Herrschaftslegitimierung geht, ist die intersektionale

Analyse der Diskurse und Praxen ein wichtiger erster Schritt. Im Gespräch der Geschlechterforschung mit all denjenigen, die an einer geschlechterreflektierten Lehre interessiert sind, ließen sich viele weitere Werkzeuge entdecken, mittels derer Studierende erkennen, dass die Philosophie gleichermaßen zur Machtkritik befähigt, wie ihre kanonischen Texte Ausdruck diskursiver Macht sind.

4   Abkürzungen der Werke des Aristoteles

EN – Nikomachische Ethik
Met. – Metaphysik
Pol. – Politik

Literatur

Bien, Günther. 1985. *Die Grundlegung der politischen Philosophie bei Aristoteles.* Freiburg / München: Alber.
Birnbacher, Dieter. 2006. *Natürlichkeit.* Berlin / New York: de Gruyter.
Bradley, Keith. 2008. Roman Slavery: Retrospect and Prospect. *Canadian Journal of History* 43: 477–500.
Connell, Sophia M. 2016. *Aristotle on Female Animals. A Study of the* Generation of Animals. Cambridge: Cambridge University Press.
Crenshaw, Kimberle. 1989. Demarginalizing the Intersection of Race and Sex: A Black Feminist Critique of Antidiscrimination Doctrine, Feminist Theory and Antiracist Politics. *University of Chicago Legal Forum* 1: 139–167.
Daston, Lorraine. 2018. *Gegen die Natur.* Berlin: Matthes & Seitz.
Degele, Nina. 2019. Intersektionalität. Perspektiven der Geschlechterforschung. In *Handbuch Interdisziplinäre Geschlechterforschung,* Hrsg. Beate Kortendiek et al., 348. Wiesbaden: Springer Nature.
Dehler, Jessica, und Anne-Françoise Gilbert. 2010. Geschlechtergerechte Gestaltung der Hochschullehre. In *Neues Handbuch Hochschullehre: Lehren und Lernen effizient gestalten,* Hrsg. Brigitte Berendt, Hans-Peter Voss, und Johannes Wildt, G 2.6. Stuttgart: Raabe.
Ermert, Sophia. 2016. Wissenskritik / Was ist Kritik? In *Diskriminierungskritische Lehre. Denkanstöße aus den Gender Studies,* Hrsg. Geschäftsstelle des Zentrums für transdisziplinäre Geschlechterstudien der Humboldt-Universität zu Berlin, 6–9. Berlin: Universitätsdruckerei der Humboldt-Universität zu Berlin.
Finley, Moses. 1959. Was Greek Civilization Based on Slave Labour? *Historia: Zeitschrift für Alte Geschichte* 8/2: 145–164.
Flashar, Hellmut. 1971. Ethik und Politik in der Philosophie des Aristoteles. *Gymnasium* 78: 278–293.
Föllinger, Sabine. 1996. *Differenz und Gleichheit. Das Geschlechterverhältnis in der Sicht griechischer Philosophen des 4. bis 1. Jahrhunderts v. Chr.* Stuttgart: Franz Steiner.

Frede, Dorothea. 2013. The Political Character of Aristotle's Ethics. In *The Cambridge Companion to Aristotle's Politics*, Hrsg. Marguerite Deslauriers, und Pierre Destrée, 14–37. Cambridge: Cambridge University Press.

Frede, Dorothea. 2020. *Aristoteles. Nikomachische Ethik. Übersetzt, eingeleitet und kommentiert.* Berlin / Boston: de Gruyter.

Fricker, Miranda, und Jennifer Hornsby (Hrsg.). 2000. *The Cambridge Companion to Feminism in Philosophy.* Cambridge: Cambridge University Press.

Goel, Urmila. 2016. Die (Un)Möglichkeit der Vermeidung von Diskriminierungen. In *Diskriminierungskritische Lehre. Denkanstöße aus den Gender Studies*, Hrsg. Geschäftsstelle des Zentrums für transdisziplinäre Geschlechterstudien der Humboldt-Universität zu Berlin, 39–47. Berlin: Universitätsdruckerei der Humboldt-Universität zu Berlin.

Höffe, Otfried. 1995. Ethik als praktische Philosophie – Methodische Überlegungen (I 1, 1094a22–1095a13). In *Die Nikomachische Ethik*, Hrsg. Otfried Höffe, 13–38. Berlin / Boston: de Gruyter.

Hornstein, René_Rain. 2016. Privilegierter Widerstand gegen diskriminierungskritisches Wissen. In *Diskriminierungskritische Lehre. Denkanstöße aus den Gender Studies*, Hrsg. Geschäftsstelle des Zentrums für transdisziplinäre Geschlechterstudien der Humboldt-Universität zu Berlin, 15–26. Berlin: Universitätsdruckerei der Humboldt-Universität zu Berlin.

Kaschuba, Gerrit und Karin Derichs-Kunstmann. 2009. *Fortbildung – gleichstellungsorientiert! Arbeitshilfen zur Integration von Gender-Aspekten in Fortbildungen.* Herausgegeben durch das Bundesministerium für Familie, Senioren, Frauen und Jugend, https://www.bmfsfj.de/resource/blob/93280/cff16de22e7138fe6bb12730f606f34f/arbeitshilfe-fortbildung-gleichstellungsorientiert-data.pdf. Zugegriffen: 8. März 2024.

Landweer, Hilge, und Catherine Newmark, Christine Kley, Simone Miller (Hrsg.). 2012. *Philosophie und die Potenziale der Gender Studies. Peripherie und Zentrum im Feld der Theorie.* Bielefeld: transcript.

Lettow, Susanne. 2018. *Gender Curriculum Philosophie.* http://www.gender-curricula.com/curriculum/philosophie. Zugegriffen: 8. März 2024.

Lienemann, Béatrice. 2021. Aristotle on the Rationality of Women: Consequences for Virtue and Practical Accountability. In *State and Nature. Studies in Ancient and Medieval Philosophy.* Hrsg. Peter Adamson, und Christof Rapp, 135–156. Berlin / Boston: de Gruyter.

Lloyd, Genevieve. 1979. The Man of Reason. *Metaphilosophy* 10/1: 18–37.

Lüpke, Annika von. 2020. Gender-Sensitive Approaches to Teaching Aristotle's Practical Philosophy. *Journal of Didactics of Philosophy* 4 (2): 53–70.

Metz-Göckel, Sigrid und Christine Roloff. 2002. Genderkompetenz als Schlüsselqualifikation. In *Journal Hochschuldidaktik* 13: 7–10.

Nagl-Docekal, Herta. 2012. Feministische Philosophie im post-feministischen Kontext. In *Philosophie und die Potenziale der Gender Studies. Peripherie und Zentrum im Feld der Theorie.* Hrsg. Hilge Landweer, Catherine Newmark, Christine Kley, Simone Miller, 231–254. Bielefeld: transcript.

Rösgen, Anne. 2003. Gender Trainings als Instrument des Gender Mainstreamings. In *Gender Training.* Herausgegeben durch das Frauenministerium Luxemburg, https://mega.public.lu/dam-assets/fr/publications/publications-ministere/2004/Gendertraining/Gendertraining.pdf. Zugegriffen: 8. März 2024.

Rolf, Bernd. 2007. Platon, Aristoteles & Co. Welche Rolle spielen sie heute noch im Philosophie- und Ethikunterricht? In *Zwischen PISA und Athen – Antike Philosophie im Schulunterricht.* Hrsg. Burkhard Reis, 27–48. Göttingen: V&R unipress.

Schofield, Malcolm. 2006. Aristotle's Political Ethics. In *The Blackwell Guide to Aristotle's Nicomachean Ethics,* Hrsg. Richard Kraut, 305–322. Oxford: Blackwell Publishing.

Schütrumpf, Eckart. 1991. *Aristoteles. Politik. Buch I. Über die Hausverwaltung und die Herrschaft des Herrn über Sklaven. Übersetzt und erläutert.* Berlin: Akademie Verlag.

Schütrumpf, Eckart. 2012. *Aristoteles. Politik. Übersetzt und mit einer Einleitung sowie Anmerkungen herausgegeben.* Hamburg: Meiner.

Spelman, Elizabeth V. 1994. Who's Who in the Polis. In *Engendering Origins. Critical Feminist Readings in Plato and Aristotle,* Hrsg. Bat-Ami Bar On, 99–125. New York: State University of New York Press.

Annika von Lüpke ist Juniorprofessorin für Didaktik der Philosophie und Ethik an der Universität Koblenz. Schwerpunkte ihrer Arbeit sind die Reflexion und Erweiterung des philosophischen Kanons in Schule und Universität sowie die damit eng verbundene konzeptionelle Weiterentwicklung eines vielfaltsbewussten Philosophie- und Ethikunterrichts. Darüber hinaus gilt ihr Interesse in Forschung und Lehre der Politischen Philosophie der Antike.

Von forschendem Lernen zu lehrendem Forschen? Das geisteswissenschaftliche Konferenzseminar als Brücke zwischen Forschung und Lehre

Lena Frommer und Susanne Gruß

Zusammenfassung

Im Zentrum der Hochschulbildung steht die auf Humboldt zurückgehende Forderung nach der Einheit von Forschung und Lehre. Tatsächlich jedoch ist die Anbindung von Lehrinhalten an forschungspraktische Einsichten oft kaum mehr als eine Idealvorstellung. Noch weniger realisierbar erscheint die Nutzbarmachung von Lehrinhalten für die Forschung. Die Einheit von Forschung und Lehre bleibt damit häufig eine Einbahnstraße, auf der Studierende im Idealfall von der aktuellen Forschung des Lehrpersonals profitieren, die Lehrenden jedoch selten synergetischen Profit für die eigene Forschung aus der Lehre ziehen können. Der vorliegende Artikel stellt das Konzept des Konferenzseminars vor und erörtert anhand eines geisteswissenschaftlichen Fallbeispiels, inwiefern diese Form der Unterrichtsgestaltung eine Koppelung von lehrendem Forschen an das forschende Lernen der Studierenden ermöglichen kann. Das Fallbeispiel, das sowohl aus Perspektive der Lehrenden als auch aus der einer Studentin vorgestellt wird, demonstriert, dass das Konzept des Konferenzseminars als Brücke zwischen Forschung und Lehre dienen

L. Frommer (✉)
Fakultät Wirtschaft, Hochschule Furtwangen, Villingen-Schwenningen, Deutschland
E-Mail: lena.frommer@hs-furtwangen.de

S. Gruß
Lehrstuhl für Englische Literaturwissenschaft, Otto-Friedrich-Universität Bamberg, Bamberg, Deutschland
E-Mail: susanne.gruss@uni-bamberg.de

© Der/die Herausgeber bzw. der/die Autor(en), exklusiv lizenziert an Springer Fachmedien Wiesbaden GmbH, ein Teil von Springer Nature 2024
J. Noller et al. (Hrsg.), *Lehre und Forschung,* Perspektiven der Hochschuldidaktik,
https://doi.org/10.1007/978-3-658-45556-9_7

kann. Auf der einen Seite ermöglicht das Unterrichtsformat den Studierenden neben der Vertiefung fachspezifischer Inhalte Einblicke in den Forschungsalltag und vermittelt ihnen wichtige *Soft Skills.* Auf der anderen Seite kann das Konferenzseminar für Lehrende die Möglichkeit schaffen, ihre Persönlichkeit als Forscher*innen sowie spezifische inhaltliche Interessen synergetisch an die Lehre anzubinden.

Schlüsselwörter

Einheit von Forschung und Lehre • Forschendes Lernen • Konferenzseminar • Lehrendes Forschen • Lehrentwicklung • Soft Skills

1   Einleitung

Studierenden neben den häufig zentral vorgegebenen fachspezifischen Kursinhalten *(Hard Skills)* auch forschungspraktische Einsichten zu vermitteln sowie entsprechende *Soft Skills,* also für den Forschungsalltag und darüber hinaus relevante Kompetenzen wie Zusammenarbeit und Kommunikation, einzuüben, entwickelt sich in der Hochschulpraxis trotz des viel zitierten Diktums von der ‚Einheit von Forschung und Lehre' häufig zur sprichwörtlichen ‚eierlegenden Wollmilchsau'. Im hochschuldidaktischen Ansatz des ‚forschenden Lernens' werden Studierende folgerichtig in ihrer Selbständigkeit als Forschende aktiviert und gefördert. So verweist beispielsweise Judith Lehmann im Vorwort des von ihr mitherausgegebenen Sammelbandes *Forschendes Lehren: Wie die Lehre in Universität und Fachhochschule erneuert werden kann* (mit Harald A. Mieg 2017) auf die bis in die 1970er Jahre zurückreichende Tradition des forschenden Lernens hin (vgl. Lehmann 2017, S. 11). Das Konzept wurde damals in Anlehnung an die von Alexander von Humboldt geprägte Vorstellung der Universität als Bildungs- *und* Forschungseinrichtung von der Bundesassistentenkonferenz (BAK) als „didaktische Leitkategorie" für den Unterricht an deutschen Hochschulen definiert (Schlicht 2013, S. 165). Damit handelt es sich beim ‚forschenden Lernen'um einen bereits länger etablierten Ansatz, doch Versuche, eine engere Verbindung zwischen Prozessen der Forschung und des Lernens an den Hochschulen herzustellen, haben erst in den letzten zehn bis zwanzig Jahren merklich zugenommen (vgl. Huber 2014, S. 32). Den Grund – oder zumindest einen der Gründe – dafür, dass das ‚forschende Lernen' zunehmend an Bedeutung gewonnen hat, sehen sowohl Huber als auch Schlicht in der aus der „Bologna"-Reform resultierten „Verschulung" des Studiums (vgl. Huber 2014, S. 32; Schlicht 2013, S. 165).

Trotz der zunehmenden Versuche, das Diktum der Einheit von Forschung und Lehre in die Praxis umzusetzen, gibt es (noch) keinen ‚Leitfaden' zur Gestaltung ‚forschenden Lernens' in der Hochschulbildung.[1] Grundsätzlich geht es bei diesem Ansatz um „ein Lernen durch Forschung bzw. Beteiligung an Forschung" (Huber 2009). Formen des ‚forschenden Lernens' können und sollten sich dementsprechend an den verschiedenen Stationen im Forschungsprozess orientieren – angefangen von der Wahl eines Themas und der Entwicklung einer Forschungsfrage über die Prüfung und Anwendung fachspezifischer Methoden bis hin zur Erarbeitung und Präsentation konkreter Ergebnisse (vgl. Hoffmann und Kiehne 2016, S. 86). Für die Gestaltung des Lern- und Forschungsprozesses können diverse Formate gewählt werden (für eine Übersicht über Formen des ‚forschenden Lernens' siehe Huber 2009). Egal, wie ‚forschendes Lernen' letztendlich in die Praxis umgesetzt wird, Ziel sollte es sein, die Studierenden in die Rolle des Wissenschaftlers/der Wissenschaftlerin einzuführen und ihren Lernfortschritt an forschungspraktische Einsichten zu koppeln. Da im Rahmen dieses hochschuldidaktischen ‚Rollenspiels' wichtige *Soft Skills* wie Feedbackkultur, selbstbewusstes Auftreten, Organisationsvermögen und Problemlösungskompetenz geschult werden, können auch diejenigen Studierenden, die später nicht in wissenschaftlichen Kontexten arbeiten wollen, von ‚forschendem Lernen' profitieren.

Erlaubt bzw. fordert der Ansatz des ‚forschenden Lernens' den Erkenntnisgewinn Studierender durch eine Verbindung von Lern- und Forschungsprozessen, gilt dasselbe unter umgekehrten Vorzeichen für Lehrende bisher jedoch kaum. Zwar ist die Anbindung der eigenen Forschungsgebiete an die inhaltliche Ausgestaltung von Seminaren zumindest in den Geisteswissenschaften – im vorliegenden Aufsatz der fachlichen Verortung und Expertise der Autorinnen entsprechend vor allem im Kontext literatur- und kulturwissenschaftlicher (Teil-)Fächer – zwar meist noch vergleichsweise einfach möglich, sofern institutionelle Strukturen die entsprechenden Freiheiten in der inhaltlichen Ausgestaltung von Modulen zulassen; die synergetische Nutzbarmachung von Lehrinhalten für die eigene Forschung – die Koppelung von lehrendem Forschen an das forschende Lernen der Studierenden – gilt vielen jedoch weiterhin als schöne, aber kaum erreichbare Utopie. Die Einheit von Forschung und Lehre bleibt damit

---

[1] Ähnlich bemerkt auch Schlicht, dass es bisher jedoch „kaum systematisch ausgearbeitete Ansätze und empirische Befunde darüber [gibt], wie Forschungs- und universitäre Lehr- und Lernprozesse curricular und didaktisch miteinander verknüpft werden können, um sowohl individuellen als auch wissenschaftlichen Erkenntnisfortschritt zu generieren" (2013, S. 165).

häufig eine Einbahnstraße, auf der Studierende im Idealfall von der aktuellen Forschung des Lehrpersonals profitieren, die Lehrenden jedoch kaum synergetischen Profit aus der Lehre für die eigenen Forschung ziehen können.

Dieser Artikel erprobt, inwiefern das Konzept eines geisteswissenschaftlichen Konferenzseminars eine Brücke zwischen Forschung und Lehre schlagen kann, die für Studierende und Lehrende gleichermaßen von Nutzen sein kann. Dieses Unterrichtsformat kann, so soll aus der Perspektive der Studierenden und der Forschenden/Lehrenden heraus aufgezeigt werden, auf der einen Seite Studierenden neben einer inhaltlichen Vertiefung gleichzeitig einen praktischen Einblick in den geisteswissenschaftlichen Forschungsalltag vermitteln[2] und auf der anderen Seite den Dozierenden neue Anknüpfungspunkte zwischen Forschung und Lehre erlauben. Nach einer allgemeinen Einführung in das Konzept des Konferenzseminars, im Rahmen derer dieses Unterrichtsformat auch als alternative Bewertungsmethode kurz diskutiert wird (vgl. hierzu auch Larkin 2014 sowie Lund 2013), folgt ein kurzes Fallbeispiel aus der Lehrpraxis (das anglistische ‚Konferenzseminar' *Pirates!*, das im Rahmen eines Masterprogramms durchgeführt wurde) – einerseits aus Lehrenden- und andererseits aus Studierendensicht vorgestellt.

2   Das Konzept des ‚Konferenzseminars'

Ein Konferenzseminar, so wie es in diesem Artikel verstanden wird, ist ein an einer Hochschule unterrichtetes Seminar (also eine diskursiv angelegte Lehrveranstaltung), deren Aufbau und Ablauf sich am Format einer wissenschaftlichen Tagung orientiert. Damit eignet sich dieses Lehrkonzept insbesondere für fortgeschrittene Studierende, die mit den grundlegenden Kompetenzen wissenschaftlichen Arbeitens und Schreibens bereits vertraut sind und möglicherweise mit dem Verfassen einer Dissertation spielen. Die Veranstaltung ist darauf ausgelegt, neben der Vermittlung von fachspezifischen Inhalten die Funktionsweise von Fachtagungen zu thematisieren sowie die Studierenden auf das Schreiben, Präsentieren

---

[2] Als ‚Forschungsalltag' verstehen wir hier insbesondere den Teilbereich akademischen Arbeitens, der die tatsächliche Forschungsarbeit umfasst, also die Entwicklung von Forschungsfragen, die spezialisierte Literaturrecherche, wissenschaftliches Schreiben (hier im Speziellen das eines Konferenzvortrags) sowie die aktive Teilnahme an Tagungen und den entsprechenden Habitus. Explizit ausgeklammert werden dabei Drittmittelakquise und das damit verbundene Verfassen von Antragstexten sowie kollaborative Forschungskontexte wie Graduiertenkollegs oder Sonderforschungsbereiche.

und Verteidigen eines wissenschaftlichen Papers vorzubereiten, das sich als wissenschaftliches Genre deutlich von den in den Geisteswissenschaften üblichen Seminararbeiten unterscheidet. Im Gegensatz zu den in den Naturwissenschaften üblichen frei vorgetragenen Papers, die sich an einer Präsentation orientieren, sind in den Geisteswissenschaften (und hier insbesondere in den Philologien) ausformulierte Papers, die vorgelesen werden, nach wie vor die Norm; sie nehmen damit eine Art Zwitterposition zwischen der vollständig verschriftlichten Haus- oder Abschlussarbeit und dem mündlich vorgetragenen Referat ein.

Das Konferenzseminar reflektiert somit zwei Genres, die für eine wissenschaftliche Karrice zentral sind, aber im Curriculum der meisten Studiengänge kaum eine Rolle spielen. Stattdessen besteht der Eindruck, dass eine deutliche Mehrheit der Kurse, die (zumindest an den geisteswissenschaftlichen Fakultäten vieler deutscher Hochschulen) angeboten werden, auf das Verfassen einer schriftlichen Arbeit am Ende des Semesters – meist in Form eines Essays oder einer Hausarbeit – ausgerichtet sind, um Studierende zunächst auf das Schreiben der Bachelor- und Masterarbeit und später dann möglicherweise der Dissertation vorzubereiten. Im Gegensatz zu diesen traditionelleren Kursformaten führt ein Konferenzseminar die Inhalte des ‚Hausarbeit-Seminars‘ mit denen des ‚Referate-Seminars‘ auf fruchtbare Art und Weise zusammen, indem es den Fokus sowohl auf die Schreib- als auch auf die Kommunikationsfähigkeiten der Studierenden legt. Damit verbindet das Konferenzseminar dezidiert eigenständiges, forschendes Lernen mit den *Soft Skills*, die für die Kommunikationssituation einer wissenschaftlichen Tagung erforderlich sind. Es geht in dieser Veranstaltungsform nicht nur darum, eigenständig zu einem wissenschaftlichen Thema recherchieren und die daraus folgenden Resultate zu Papier bringen zu können, sondern auch darum, diese Resultate in einem wissenschaftlichen Kontext mündlich präsentieren und diskutieren zu können. Das selbständige und selbstbewusste Einstehen für und gegebenenfalls Verteidigen von eigenen (Fach-)Inhalten kommt in der fachwissenschaftlichen Lehre im Normalfall zu kurz oder spielt überhaupt keine Rolle; traditionelle Referate werden sowohl von den vortragenden als auch den rezipierenden Studierenden nur selten als eigene Inhalte verstanden. Die damit einhergehenden *Soft Skills* jedoch – wie trage ich so vor, dass mich alle im Raum gut verstehen? wie wirke ich auf andere? wie reagiere ich auf (kritische) Fragen oder solche, die ich möglicherweise nicht verstehe? – können auf vielfältige Situationen in einem späteren Arbeitsalltag außerhalb der Universität gewinnbringend übertragen werden.

2.1   Aktives Lernen: Das Konferenzseminar als authentische Lernerfahrung

Vom Verfassen eines *Call for Papers* über das Einreichen eines *Abstracts* bis hin zur Erarbeitung und Präsentation eines wissenschaftlichen Papers bietet ein Konferenzseminar den Studierenden die Möglichkeit, Einblick in alle inhaltlichen Stationen einer Fachtagung zu erhalten und eine möglichst realistische Simulation einer solchen Tagung selbst zu durchlaufen. Damit stellen Konferenzseminare eine Form des ,aktiven Lernens' dar (Larkin 2014, S. 36), die die Studierenden von vornherein als ,forschende Lernende' (s. o.) ernst nimmt. Anders als Kursformate, die Prüfungsleistungen wie Klausuren und Tests beinhalten, die normalerweise erst ganz zum Schluss des Lernprozesses durchgeführt werden und daher hauptsächlich den Zweck erfüllen, Wissen auf Lücken zu überprüfen, sind ,aktive', ,formative' Methoden wie die des Konferenzseminars darauf ausgelegt, entsprechende Lücken zu füllen (vgl. Larkin 2014, S. 45). Dadurch werden die Kursmitglieder dazu befähigt, ihr Wissen im Laufe des Seminars kontinuierlich zu erweitern und an der Verbesserung und Weiterentwicklung ihrer Fähigkeiten zu arbeiten (vgl. auch Kinney 2012, S. 4). Als Form des ,aktiven Lernens' bietet das Konferenzseminar den Studierenden eine tiefergehende Lernerfahrung, die auch eine Selbstreflektion über die eigene Identität als (angehende*r) Wissenschaftler*in anstößt. Anders als in ,klassischen' Vorlesungen sind die Studierenden nicht nur dazu angehalten, Inhalte mehr oder weniger passiv zu rezipieren; sie müssen den Lernprozess vielmehr aktiv mitgestalten. Dass das Format des Konferenzseminars oder ähnliche Formate die Übernahme von mehr Verantwortung fördern wurde bereits mehrfach beschrieben und insgesamt als positiv bewertet. So beobachten zum Beispiel Bailey und Guskey: „The real power in this innovation is that student-led conferences require *students* to take most of the responsibility for reporting what they have learned" (2001, S. xiii; Hervorhebung im Original). Ähnlich bemerken auch Kinney sowie Chappuis und Stiggins, dass entsprechende Unterrichtsformate letztendlich darauf abzielen, das Verantwortungsbewusstsein der Teilnehmer und Teilnehmerinnen zu steigern und sie dazu anzuregen, sich aktiver am Lernprozess zu beteiligen (vgl. Kinney 2012, S. 3; Chappuis und Stiggins 2012, S. 283). Im spezifischen Fall des Konferenzseminars ist ein weiteres Lernziel außerdem eine tiefergehende Betrachtung des Wissenschaftsbetriebs, die in dieser Form nur selten Teil von Lehrveranstaltungen ist, im Hinblick auf die Entscheidung, eine Promotion anzustreben, aber als zielführend anzusehen ist.

Mit dem Ziel, Studierende auf das professionelle Halten eines wissenschaftlichen Vortrags vorzubereiten, fördert das Konferenzseminar die Vertiefung und

Verbesserung von schriftlichen und mündlichen Kommunikationsfähigkeiten. Zudem ermöglicht dieses Unterrichtsformat die Vermittlung wichtiger *Soft Skills* wie die (Selbst-)Evaluation und (Selbst-)Reflexion sowie das überlegte Umgehen mit konstruktiver Kritik. Kinney schreibt mit Blick auf diese *Soft Skills*: „If we want to develop students that are college-, career-, and citizenship-ready, then we must give them the skills to both evaluate their performance and reflect on the learning experience" (2012, S. 29). Dadurch, dass sich im Rahmen eines Konferenzseminars der Lernprozess nicht auf das Ablegen einer schriftlichen Prüfung bzw. das Verfassen einer (größeren) schriftlichen Arbeit am Ende des Semesters beschränkt, sondern sich über das ganze Semester hinweg zieht, bietet dieses Unterrichtsformat den Teilnehmenden wiederholt und transparent die Gelegenheit, sich mit ihrer eigenen bisher geleisteten Arbeit auseinanderzusetzen und an eventuellen Schwächen zu arbeiten. Raum zur (Selbst-)Evaluation und (Selbst-)Reflexion kann dabei unter anderem durch Feedbackgespräche zwischen dem Dozenten/der Dozentin und durch Peer-Feedback der anderen Studierenden geschaffen werden. Im Rahmen dieser Gespräche können die Dozierenden konstruktive Kritik einbringen und es den Studierenden damit ermöglichen, ihre bisherigen Leistungen zu reevaluieren und aus einer anderen Perspektive zu reflektieren.

Im Zentrum des Konferenzseminars steht das Verfassen und professionelle Präsentieren eines wissenschaftlichen Papers. Der eher ungewöhnliche Aufbau des Seminars bietet den Studierenden die Möglichkeit, sich vertieft mit einem Genre auseinanderzusetzen, das für eine wissenschaftliche Karriere zentral ist, aber selten unterrichtet wird. Vermutlich das größte Anliegen dieses Unterrichtsformats ist dementsprechend, den Studierenden neben den (häufig zentral vorgegebenen) fachspezifischen Kursinhalten auch forschungspraktische Einsichten zu vermitteln. Im Gegensatz zu anderen Unterrichtsformaten, die sich auf das Erlernen von ‚rein' theoretischem Wissen konzentrieren, ermöglicht das Konferenzseminar Studierenden so eine authentischere (Lern-)Erfahrung. So schreibt zum Beispiel Larkin: „One of the objectives of the conference paper activity is to provide students with a meaningful real-world experience" (2014, S. 36). Das Schreiben und Präsentieren eines wissenschaftlichen Papers im Rahmen eines Konferenz-ähnlichen Settings vermittelt den Studierenden einen praktischen Einblick in den geisteswissenschaftlichen Forschungsalltag und bereitet sie somit auf eine potenzielle Karriere in diesem Bereich vor. Gleichzeitig fördert es die (Weiter-)Entwicklung wichtiger Kompetenzen (s. o.), wodurch auch die *Soft Skills* derjenigen Studierenden, die später nicht in der Wissenschaft arbeiten wollen, als weiterführende Qualifikation geschult werden. Wichtig ist in diesem Zusammenhang allerdings eine vergleichsweise homogene Gruppe von im Idealfall bereits fortgeschrittenen Studierenden.[3]

2.2   Rollenverteilung im Konferenzseminar

Das Konzept des Konferenzseminars birgt jedoch – und deshalb ist es im Sinne einer aktivierenden Hochschullehre so interessant – nicht nur innovatives Potenzial für die Studierenden, sondern auch für die Dozierenden. Dadurch, dass dieses Unterrichtsformat, wie bereits erwähnt, im Gegensatz zu Klausuren oder ähnlichen Prüfungsformen die Leistung der Teilnehmenden nicht nur einmal am Ende des Semesters prüft, stellt es eine authentischere Methode dar, den Leistungsfortschritt der Kursmitglieder zu bewerten. Wie Larkin anmerkt: „[A student conference activity] can provide an enhanced and more authentic way to capture what students are actually learning while the learning is taking place" (2014, S. 36). Das Konzept des Konferenzseminars erlaubt es den Dozierenden folglich, die Arbeit der Studierenden über das Semester hinweg zu beobachten und zu begleiten. Des Weiteren bieten sich Konferenzseminare auch für eine potenzielle Nutzbarmachung von Lehrinhalten für die eigene Forschung an, also im Sinne des oben angesprochenen forschenden Lehrens. In welchem Umfang und welcher Form dieses Unterrichtsformat genutzt werden kann, um eine Brücke zwischen Forschung und Lehre zu schlagen, wird im nächsten Abschnitt ausführlicher diskutiert.

Wie auch bei anderen Unterrichtsformaten kommen den Teilnehmerinnen und Teilnehmern eines Konferenzseminars verschiedene Rollen und Aufgaben zu. Im Gegensatz zu ‚traditionelleren' Unterrichtsformen werden die Studierenden jedoch in jedem Fall aktiver in den Unterrichtsprozess miteinbezogen. Verbleiben Studierende im klassischen Seminar häufig in der Rolle der passiven Rezipient*innen, so fordert die Konzeption des Konferenzseminars sie automatisch dazu

---

[3] Das Fallbeispiel des Konferenzseminars lässt sich insbesondere auf fortgeschrittene Studierendengruppen anwenden. Forschendes Lernen und lehrende Forschung sind jedoch grundsätzlich auch für Studienanfänger*innen geeignet. So schreibt z. B. Ludwig in *Forschungsbasierte Lehre als Lehre im Format der Forschung*: „Forschungsbasierte Lehre eignet sich [...] insbesondere für Studienanfänger. Sie stehen vor dem großen Problem, den Wechsel vom Alltagsdenken zum wissenschaftlichen Denken zu bewältigen" (2011, S. 10). Gabi Reinmann, Eileen Lübcke und Anna Heudorfer haben zudem einen Sammelband veröffentlicht, der Beispiele für forschendes Lernen in der Studieneingangsphase enthält (vgl. Reinmann et al. 2019).

auf, einen hohen Anteil an Eigenleistung zu erbringen. Wie Bailey und Gus-key schreiben: „Throughout all stages of a student-led conference – preparation, implementation, and evaluation – the student is the key person" (2001, S. 8). Die Studierenden haben neben der Aufgabe, sich ein geeignetes Thema für ein wissenschaftliches Paper zu überlegen, einen ersten *Abstract* einzureichen und das Paper dann zu schreiben, außerdem die Aufgabe, dieses Paper professionell zu präsentieren und seine Inhalte zu verteidigen. Folglich werden sie dazu angeregt, im Laufe des Semesters kontinuierlich an ihrem Schreibstil, ihren Sprachfertig-keiten, ihrem Vortragsstil und ihrer Haltung zu arbeiten. Das Konferenzseminar verbindet die Erarbeitung von inhaltlichen Schwerpunkten damit organisch und für die Studierenden transparent mit den zu erwerbenden oder zu verfeinernden *Soft Skills*. Wer am Ende des Semesters einen seriösen wissenschaftlichen Vor-trag halten möchte, für den reicht es nicht aus, zu den einzelnen Sitzungen zu erscheinen und ‚einfach nur zuzuhören'.

Hat der Dozent/die Dozentin üblicherweise die Rolle des ‚Anführers' inne, so ‚zwingt' das Konferenzseminarformat ihn/sie, einen Schritt zurück zu treten und eher als eine Art ‚helfende Hand' zu agieren. Bailey und Guskey argumen-tieren „that in order to help students become more responsible, we needed to give up some of our control – that is, we needed to shift the focus to stu-dents taking more responsibility for their own learning" (2001, S. 7). Zwar bleibt es weiterhin die Aufgabe der Lehrenden, die (vorgeschriebenen) Kurs- und Lerninhalte einleuchtend zu vermitteln und die Studierenden zum Schluss des Semesters ihrer Leistung entsprechend zu benoten; gleichzeitig sollten sie einen Teil der Verantwortung jedoch den Studierenden überlassen und sich hauptsäch-lich auf das Leisten von Hilfestellung bei der Themenfindung, die Begleitung des Schreibprozesses, die Vermittlung von konstruktivem Feedback und die Förderung verschiedener *Soft Skills* zu konzentrieren.

Für den konkreten Aufbau und Ablauf von Konferenzseminaren gibt es (noch) kein fest vorgeschriebenes Format, auch weil Ablauf, Vortragsstil und Habi-tus sich bei den Tagungen unterschiedlicher (Teil-)Fächer zum Teil substanziell unterscheiden. Grundsätzlich scheinen an Hochschulen durchgeführte Konferenz-seminare mindestens das Einreichen eines *Abstracts* und das Verfassen und Vortragen eines wissenschaftlichen Papers, dessen Thema im Zusammenhang mit den zu vermittelten fachspezifischen Inhalten des Kurses steht, zu beinhalten (vgl. z. B. Larkin 2014). Den Dozierenden wird somit vergleichsweise viel Frei-heit gelassen, was die individuelle Gestaltung des Seminars angeht. In diesem Umstand liegt damit, wie im Weiteren diskutiert werden soll, auch das Poten-zial des Konferenzseminars für eine Synergie zwischen Forschung und Lehre. Im Anschluss folgt ein Beispiel eines Konferenzseminars, dass im Wintersemester

2018/19 an der Friedrich-Alexander-Universität Erlangen-Nürnberg von PD Dr. Susanne Gruß durchgeführt wurde. Anhand dieses Fallbeispiels soll aufgezeigt und diskutiert werden, inwiefern dieses Unterrichtsformat möglicherweise eine Brücke zwischen Forschung und Lehre schlagen lässt.

3   Fallbeispiel: „Piraten" in der Hochschullehre

Im Wintersemester 2018/19 unterrichtete Susanne Gruß an der FAU Erlangen-Nürnberg das auf Englisch durchgeführte Master-Oberseminar zum Thema „Pirates!"; Lena Frommer besuchte den Kurs als Master-Studentin im dritten Semester. Inhaltlich war der Kurs als klassisches literaturwissenschaftliches (Ober)Seminar für fortgeschrittene Master-Studierende angelegt. Im Zentrum standen der Pirat als literarische Figur, die Abgrenzung des Piraten von anderen Formen der Freibeuterei und die diachrone Herausbildung eines literarischen ‚Topos', der über historische, generische und kulturelle Grenzen hinweg bis in die Jetztzeit relativ konstant geblieben ist. Die rein literaturwissenschaftliche Komponente des Kurses sah also eine Kontextualisierung von historisch und literarisch anspruchsvollen Texten vor, wie sie für Seminare im fortgeschrittenen (Master-)Studium üblich ist. Die inhaltliche Ausgestaltung des Seminars war frei wählbar und ließ somit eine Engführung mit aktuellen Forschungsinteressen der Dozentin zu. Das Master-Oberseminar „Pirates!" soll als Fallbeispiel dienen, um zu erörtern, inwiefern das Konzept des Konferenzseminars eine synergetische Kombination von Forschung und Lehre – oder, genauer, von forschendem Lernen und lehrendem Forschen – erlaubt. Vor diesem Hintergrund soll zunächst kurz auf die institutionellen Rahmenbedingungen und den Aufbau des Oberseminars eingegangen werden. Diese sind in gewissem Rahmen ortsspezifisch, lassen sich jedoch auch auf die Modulstrukturen anderer Universitäten und Studiengänge übertragen.

3.1   Institutionelle Rahmenbedingungen und didaktische Vorüberlegungen

Der Masterstudiengang English Studies der FAU Erlangen-Nürnberg sieht im 3. Fachsemester (Master Module I) einen Masterkurs mit kombinierter Lektüre-/ Diskussionsgruppe vor; das Modul schließt mit einer mündlichen Prüfung ab, die als wissenschaftlicher Vortrag mit Diskussion gestaltet werden soll. Die vergleichsweise kleinen Master-Kohorten und das fortgeschrittene Leistungsniveau im zweiten Master-Studienjahr sorgen für einen vergleichsweise homogenen

Kurs. Das Master-Oberseminar „Pirates!" sollte, so die didaktische Vorüberlegung, auf der einen Seite fachspezifische Inhalte vermitteln – in diesem Fall die Darstellung von Piraterie in literarischen Texten unterschiedlicher Genres vom 16. bis ins 19. Jahrhundert. Auf der anderen Seite sollte es aber, dem oben dargestellten Konzept des Konferenzseminars entsprechend, auch die Funktionsweise von Fachtagungen thematisieren sowie das professionelle Halten eines wissenschaftlichen Vortrags einüben und damit, wie im vorangehenden Abschnitt bereits erwähnt, zwei Genres reflektieren, die für eine wissenschaftliche Karriere zentral sind, aber selten unterrichtet werden, weil sie im Rahmen von Bachelor- und Lehramtsstudiengängen kaum relevant sind. Das letztendliche Ziel des Kurses sollte es sein, die literarisch und historisch anspruchsvollen Inhalte durch die hochschuldidaktisch ausgestaltete Konferenzkomponente so zu ergänzen, dass die Studierenden sich als Teil einer kleinen Forschungsgemeinschaft zu begreifen begannen. Die inhaltliche Schwerpunktsetzung kann bei dieser Form des Seminars mit den Forschungsinteressen des/der Lehrenden enggeführt werden (im Fallbeispiel war dem Konferenzseminar eine von der Dozentin organisierte Fachtagung vorangegangen, die Inhalte eines Teils des Seminars waren auch Inhalt der Habilitationsschrift). In einem ersten Schritt der synergetischen Kopplung von Forschung und Lehre im Lehralltag ging es hier zunächst also um die Fruchtbarmachung von eigenen Forschungsinteressen (die Figur des Piraten im frühneuzeitlichen Drama) mit Lehrinhalten und Lehrkonzepten ganz im Sinne der Einheit von Forschung und Lehre. Gleichzeitig sollte der Kurs akademische Praktiken und Genres – *Call for Papers, Abstracts,* Konferenzvorträge – für fortgeschrittene Studierende transparent machen und auf einer Metaebene reflektieren.

3.2   Kursaufbau und -ablauf

Das Master-Oberseminar „Pirates" erstreckte sich über vierzehn Vorlesungswochen und war für drei Semesterwochenstunden angesetzt. Insgesamt nahmen sechs (weibliche) Studierende aus zwei verschiedenen Studiengängen (English Studies und Literaturstudien mit Schwerpunkt Anglistik) am Seminar teil. Das Konzept des Konferenzseminars wurde den Studentinnen gleich zu Anfang transparent gemacht, um bei ihnen ein besseres Verständnis dafür zu schaffen, was im Laufe des Semesters auf sie zukommen würde. In den kommenden Wochen wurden die Kursteilnehmerinnen Schritt für Schritt in die einzelnen Bestandteile einer wissenschaftlichen Tagung eingeführt. Dazu wurde als Beispiel eine von der

Dozentin mitorganisierte internationale Tagung herangezogen, aber auch Tagungen von Fachgesellschaften oder kleinere Workshops lassen sich als Beispiele aus dem Forschungsalltag der Lehrenden heranziehen, um den Studierenden Konferenzgeschehen näher zu bringen. Wichtig beim vorgestellten Ideal des Konferenzseminars ist eine möglichst authentische Anbindung des Konferenzseminars an die Konferenz als Teil des wissenschaftlichen (Forschungs-)Alltags. Dies erlaubt aus Sicht der Lehrenden auch eine einfachere und transparentere Einbindung eigener Forschungsinhalte in das Kursgeschehen. Im vorgestellten Fall konnten der *Call for Papers* der Tagung sowie ein beispielhaftes, für die Tagung eingereichtes *Abstract* herangezogen und für die Studierenden strukturell und inhaltlich transparent analysiert werden; dem folgte in einem zweiten Schritt (und nach dem Vorbild des ‚echten' *CfPs*) das Erstellen eines eigenständigen Seminar-*CfPs* sowie eigener *Abstracts* für die abschließende mündliche Prüfung, die als studentische Konferenz ausgestaltet war. Der Kurs-*CfP* wurde von den Studentinnen in der ersten Hälfte des Semesters erstellt. So blieb den Teilnehmerinnen genug Zeit, um sich bis zur ‚studentischen Konferenz' zum Semesterende ein Thema für ihren Vortrag zu überlegen, das den Anforderungen des *CfPs* entsprach. Nachdem die Studentinnen sich auf ein Thema festgelegt hatten, war der nächste Schritt das Verfassen eines *Abstracts*. Die das ausgewählte Thema kurz umreißenden *Abstracts* mussten spätestens zwei Wochen vor der abschließenden Konferenz eingereicht werden. Ein erster Entwurf musste jedoch bereits früher im Kurs vorgestellt werden und wurde dann im Plenum diskutiert. Anschließend konnten die Teilnehmerinnen ihr *Abstract* dem von ihren Kommilitoninnen und der Dozentin erhaltenen Feedback entsprechend noch einmal überarbeiten.

Da es sich im Beispielfall des Master-Oberseminars „Pirates" um eine kleine Gruppe fortgeschrittener Masterstudentinnen handelte, deren Mitglieder sich zum großen Teil bereits aus vorhergehenden Kursen kannten, konnten die von den Teilnehmerinnen eingereichten *Abstracts* offen im Plenum diskutiert werden. Alternativ ließe sich der Evaluations- und Feedbackprozess aber auch anonymisieren; das Peer-Review-Verfahren wäre dann stärker formalisiert als im vorliegenden Fallbeispiel. Ein von dem/der Lehrenden kontrollierter anonymer Evaluations- und Feedbackprozess bietet sich vor allem für Gruppen an, die eine große Mitgliederanzahl haben und/oder deren Mitglieder (noch) nicht miteinander vertraut sind. Die teilnehmenden Studierenden würden sich in diesem Fall ein Thema überlegen und einen *Abstract* dazu einreichen. Der Dozent/die Dozentin könnte die *Abstracts* anonymisieren, jedem *Abstract* jeweils einen/eine Kommilitonen/Kommilitonin zuteilen, der/die anonym Feedback geben könnte, und daneben eigenes Feedback vermitteln.

Der Fokus des Konferenzseminars „Pirates" lag auf dem Schreiben und Vortragen eines wissenschaftlichen Papers. Diese Schwerpunktsetzung erlaubt es, wie bereits angedeutet, dem/der Lehrenden auch, die eigenen Forschungsinteressen inhaltlich produktiv in den Kurs mit einzubringen. Die Teilnehmerinnen wurden durch einen thematisch passenden Gastvortrag in den Aufbau und die Präsentation eines Papers eingeführt. Der thematisch an den Kurs angebundene Gastvortrag verfolgte mehrere Ziele: Er sollte den Studentinnen einen Einblick in die einzelnen Bestandteile einer wissenschaftlichen Präsentation geben und damit den Aufbau eines wissenschaftlichen Vortrags veranschaulichen. Gleichzeitig sollte er modellhaft aufzeigen, wie ein wissenschaftliches Paper präsentiert wird und die üblicherweise an solche Vorträge anschließende Diskussionsrunde demonstrieren. Der Gastvortrag wurde durch eine Metadiskussion gerahmt, in der Dozentin und Gastvortragender methodisch-inhaltliche Vorüberlegungen und die Funktionsweise einzelner Bestandteile von Vortrag und begleitender PowerPoint-Präsentation transparent machten: Für welches Publikum schreibt man einen Vortrag? Welches Vorwissen kann man voraussetzen, welche inhaltlichen oder theoretischen Konzepte müssen erklärt werden? Wie kann die PowerPoint-Präsentation genutzt werden, um dem Publikum die Struktur des Papers immer wieder vor Augen zu führen? Und inwiefern unterscheidet sich das wissenschaftliche Paper von einer Hausarbeit oder einem wissenschaftlichen Aufsatz?

In den folgenden Sitzungen wurden die Studentinnen dazu aufgefordert, selbst einen ersten kurzen Vortrag zu schreiben und zu präsentieren, um das Genre des wissenschaftlichen Papers niederschwellig praktisch einzuüben. Im Verlauf des Seminars sollten die Teilnehmerinnen jeweils zwei zehnminütige Vorträge zu einem vorgegebenen Thema vorbereiten und im Kurs halten. Auf alle Vorträge folgte eine kurze Diskussions- und Fragerunde, im Rahmen derer die Studentinnen sich darin erprobten, auf Fragen und Anmerkungen ‚angemessen' zu reagieren. Im Anschluss erhielten die Teilnehmerinnen Feedback von ihren Kommilitoninnen und der Dozentin. Diese Feedbackrunden erwiesen sich insgesamt als produktiv: Feedback zu Vortragsstil und Habitus in der Fragerunde konnten die Studentinnen zur Verbesserung des zweiten Übungsvortrags und des abschließenden Vortrags bei der studentischen Konferenz nutzen.

Die letzte Sitzung des Seminars – zugleich die mündliche Prüfung – war dem Vortrag der von den Studentinnen verfassten wissenschaftlichen Paper gewidmet. Die Sitzung wurde als ‚Scheinkonferenz' gestaltet, die die Rahmenbedingungen einer Fachtagung so authentisch wie möglich simulierte. Auf Publikum war in Absprache mit den Seminarteilnehmerinnen verzichtet worden. Jede der Teilnehmerinnen erhielt zu Beginn der Konferenz eine Kopie des *CfPs* und der eingereichten *Abstracts*, die ihnen dazu dienen sollten, den Vorträgen der anderen leichter folgen zu können. Die Konferenz war in zwei Panels aus jeweils drei zwanzigminütigen Vorträgen mit zehn Minuten Diskussion pro Vortrag eingeteilt. Diese studentische Konferenz brachte alle im Laufe des Semesters bearbeiteten und besprochenen Inhalte zusammen und bot den Studentinnen die Gelegenheit, das Wissen und die Fähigkeiten zu präsentieren, die sie sich über die vorangehenden Wochen erarbeitet hatten. Dementsprechend stellte die studentische Konferenz sowohl den Abschluss als auch den Höhepunkt des Seminars dar.

4   Das Master-Oberseminar „Pirates!" als Brücke zwischen Forschung und Lehre

Das Kurskonzept des Master-Oberseminars „Pirates!" hatte zum Ziel, eine Brücke zwischen Forschung und Lehre zu schlagen und das forschende Lernen der Studentinnen, das durchgängig gefördert und intensiv betreut wurde, mit einem lehrenden ‚Forscheffekt' für die Dozentin zu verknüpfen. Die Teilnehmerinnen sollten im Rahmen des Kurses zu Wissenschaftlerinnen ‚auf Probe' werden, die kleinteilig angeleitet eigene Forschungsfragen entwickeln und konzentriert lernen, individuelle Interessen an ein vorgeschriebenes Format – in diesem Fall den *Call for Papers* – anzupassen. Zudem sollte das Kurskonzept der Dozentin die Engführung von eigenen Forschungsinteressen – die Figur des Piraten im frühneuzeitlichen Drama – mit Lehrinhalten ermöglichen und ihr idealerweise neue Anknüpfungspunkte zwischen Forschung und Lehre erlauben. Inwiefern diese Ziele erreicht wurden, soll im Folgenden diskutiert und reflektiert werden – sowohl aus der Perspektive der Studierenden als auch aus der Perspektive der Dozentin.

4.1   Das Konferenzseminar als ‚forschendes Lernen'

Die Teilnehmerinnen am Master-Oberseminar „Pirates!" befanden sich zu Beginn des Seminars auf dem gleichen Wissensstand: Keine von ihnen hatte bisher ein Konferenzseminar besucht, an einer wissenschaftlichen Konferenz teilgenommen, von einem *Call for Papers* gehört, einen *Abstract* eingereicht oder ein wissenschaftliches Paper präsentiert. Der Großteil ihres Studiums hatte aus Kursen bestanden, in denen als Prüfungsleistung eine Form von Referat, eine schriftliche Arbeit oder beides erbracht werden mussten. Den Studierenden war damit die mit einer wissenschaftlichen Arbeit verbundene Recherchearbeit sowie wissenschaftlicher Schreibstil hinlänglich geläufig, die Präsentation eines wissenschaftlichen Vortrags war jedoch noch nie von ihnen verlangt worden. In einem offenen Gespräch über Aufbau und Ablauf des Seminars sowie zum Vorwissen zum Format des Konferenzvortrags zu Beginn des Semesters erklärten die Teilnehmerinnen, dass sie sich das Format des wissenschaftlichen Vortrags ähnlich dem des Referats vorstellten. Jedoch wurde ihnen bald klar, dass es sich hier um zwei vollkommen unterschiedliche Formen des Schreibens und Präsentierens hielt. Wird der Inhalt von Referaten in der Regel in Form von Stichpunkten zusammengetragen und möglichst frei präsentiert (so wie es in anderen Fächern auch für Konferenzvorträge inzwischen üblich ist), sieht es bei (philologischen) wissenschaftlichen Papers anders aus. Sie ähneln eher kurzen, vollständig ausformulierten Hausarbeiten, die im Vortrag abgelesen werden. Im Gegensatz zum Referat, das den Fokus auf das freie Sprechen legt, verlangt das wissenschaftliche Paper – zumindest in der Anglistik –, sich beim Sprechen an ein genaues Skript zu halten, das jedoch so geschrieben und vorgetragen werden muss, dass es ein konzentriertes Zuhören erlaubt.

Das insbesondere durch den Gastvortrag neu gewonnene theoretische Wissen in die Praxis umzusetzen nahm etwas Zeit in Anspruch und verteilte sich im Rahmen der zwei Kurzvorträge über einen Großteil des Semesters. Die Kurzvorträge erlaubten den Studentinnen, sich langsam an das Format des wissenschaftlichen Vortrags heranzutasten. Sie lernten, ein Konzept für einen wissenschaftlichen Vortrag zu entwickeln, dieses Konzept auszuarbeiten, vorzutragen und zu verteidigen. Dabei ermöglichten ihnen die Kurzvorträge auf der einen Seite, sich mit relevanten Inhalten des Fachbereichs auseinanderzusetzen und diese im Rahmen eines häufig in der Wissenschaft verwendeten Formats zu präsentieren. Auf der anderen Seite eröffneten ihnen die Kurzvorträge Raum zur Arbeit an der Findung und Entwicklung eines dem Setting angemessenen, wissenschaftlichen Vortragsstils sowie der Verbesserung und Weiterentwicklung ihrer eigenen Vortragsstrategien insgesamt.

Die Auseinandersetzung der Teilnehmerinnen mit dem Format des wissenschaftlichen Vortrags wurde insbesondere durch die an die Kurzvorträge angeschlossenen Feedbackrunden unterstützt, im Rahmen derer die Studentinnen wichtige Hinweise und Verbesserungsvorschläge von ihren Kommilitoninnen in Bezug auf die Gestaltung des Inhalts ihrer Vorträge sowie auf ihre Vortragstechniken erhielten. Hier konnte beispielsweise auf das Fehlen logischer Verknüpfung hingewiesen werden oder die Nützlichkeit visueller Unterstützung zum Verständnis des Inhalts betont werden. Auch Aspekte wie Intonation, Tempo, Blickwechsel und Lautstärke wurden hervorgehoben. Die von Kommilitoninnen

und Dozentin eingebrachten Hinweise und Vorschläge unterstützten so den Lernfortschritt. Doch nicht nur die Person, die mit Präsentieren an der Reihe war,
profitierte von den Kurzvorträgen und dem anschließend eingebrachten Feedback.
Auch die Teilnehmerinnen im Publikum konnten durch jeden Vortrag etwas dazu
lernen, indem sie die Präsentationen der anderen genau analysierten, sich überleg-
ten, was ihnen positiv oder negativ auffiel und diese Überlegungen als Impulse
für ihre eigenen Vorträge nutzten. Somit bildeten die Kurzvorträge eine opti-
male Möglichkeit des Peer-Learnings. Gleichzeitig trugen sie dazu bei, dass die
Kursteilnehmerinnen sich wie eine kleine Forschungsgemeinschaft zu begreifen
begannen.

Alles in allem ist es dem Master-Oberseminar „Pirates!" erfolgreich gelungen,
den Teilnehmerinnen ‚forschendes Lernen' zu ermöglichen. Der als Konferenzseminar gestaltete Kurs bot einen ersten Einblick in die fachwissenschaftliche
Forschung und ließ die Studierenden in die Rolle des Wissenschaftlers/der
Wissenschaftlerin schlüpfen, der/die eigene Forschungsfragen entwickelt und
diese im Rahmen eines vorgegeben Vortragformats professionell präsentiert.
Das Konferenzseminar diente den Teilnehmerinnen dementsprechend als eine
erste Vorbereitung auf eine potenzielle Karriere im akademischen Bereich. Doch
auch für diejenigen, die einen anderen Berufsweg einschlagen wollten, barg das
Kurskonzept Potenzial, denn das Konferenzseminar kann als Format verwendet
werden, im Rahmen dessen die Teilnehmerinnen dazu ermutigt werden, fortwährend an ihren Strategien des wissenschaftlichen Arbeitens, ihren Schreib- und
Kommunikationsfähigkeiten und ihren Vortragstechniken zu arbeiten. Somit vermittelte der Kurs den Studentinnen wichtige *Soft Skills* wie Selbstvertrauen und
Selbstdisziplin, die Fähigkeit, das Feedback anderer produktiv umzusetzen sowie
die Fähigkeit, selbst konstruktive Kritik zu üben.

4.2   Das Konferenzseminar als Möglichkeit zur ‚forschenden Lehre'

Der Nutzen eines Konferenzseminars für die Studierenden eröffnet sich vor dem
Hintergrund des forschenden Lernens recht organisch und kann in der vorangehenden Passage, die den Kurs aus Sicht einer Teilnehmerin schildert, auch gut
und der Forschungsliteratur entsprechend belegt werden. Die im Kurs durchgängig stattfindenden niederschwelligen Evaluationen in Form von wöchentlichen
‚Minute Papers' (Was habe ich heute gelernt? Was war mir unklar? Welche
Fragen blieben offen?) zeigten, dass die Teilnehmerinnen das Kursformat und
seine Anforderungen sehr schnell als sinnstiftend empfanden, und auch die

abschließende Evaluation des Kurses entsprach diesem Eindruck. Für einen synergetischen Effekt auf der Seite der Lehrenden – eingangs als Idealziel der ‚lehrenden Forschenden' formuliert – genügt das jedoch selbstverständlich nicht aus. Inwiefern lassen sich aus einem Konferenzseminar also auch für Dozentinnen und Dozenten positive Effekte für die eigene Forschung erzielen? Die bereits eingangs angedeuteten Synergieeffekte können, so muss den folgenden kurzen Reflektionen vorangestellt werden, nur unter Idealbedingungen erreicht werden. Das Konferenzseminar, das diesem Aufsatz als Fallbeispiel dient, bestand aus einer sehr kleinen und vergleichsweise homogenen Gruppe von Studentinnen im fortgeschrittenen Masterstudium. Gleichzeitig war in der Studienordnung zwar die Kursform vorgegeben, die inhaltliche Ausgestaltung des entsprechenden Moduls war dabei aber den Lehrenden vorbehalten.

In diesem spezifischen Kontext – letztlich einem Unterrichten unter Idealbedingungen, das in der deutschen Universitätslandschaft sicherlich nicht der Regelfall ist – eröffnet das Konferenzseminar Lehrenden mehrere Perspektiven. Zum einen können sie Studierende gezielt und transparent an der eigenen Forschung teilhaben lassen und in diesem Zusammenhang auch die eigene Forschungspraxis reflektieren. Kleinere Forschungsprojekte wie Konferenzen oder Workshops können praxisnah in den Unterricht eingebunden und mit diesem verknüpft werden. Gleichzeitig kann das Konferenzseminar nicht nur von bereits abgehaltenen Tagungen profitieren, sondern potenziell zur Erprobung von Ideen für kleinere Tagungen verwendet werden. Im beschriebenen Fallbeispiel diente das Konferenzseminar außerdem der Auslotung von Texten, die über das eigene (historisch begrenzte) Forschungsgebiet hinausgingen. Ein Teil der im Kurs gewonnenen Erkenntnisse bildete den Grundstein für einen bereits in einer Fachzeitschrift erschienen Aufsatz (vgl. Gruss 2020). Sofern im Konferenzseminar die Lehrenden ihren Studierenden als immer eigenständiger werdenden Wissenschaftler*innen auf Augenhöhe begegnen, kann insbesondere der häufig noch unverstellte Blick von Studierenden auf Primär- und Sekundärtexte auch den vermeintlich erfahreneren Dozierenden helfen, über den eigenen ‚Tellerrand' zu sehen und so neue Perspektiven auf eigene Forschungsinhalte zu gewinnen. Durch die gezielte Planung des Kursplans, das im Idealfall hohe Niveau der Studierenden und die intensive Reflexion von Kursinhalten, die struktureller Bestandteil des beschriebenen Kursformats ist, kann das Konferenzseminar dadurch tatsächlich auch produktiv in den (Forschungs)Alltag des/der lehrenden Forschenden eingehen.

5   Zusammenfassung und Abschlussreflektion

In den letzten Jahren hat der Ansatz des ‚forschenden Lernens' zunehmend an Bedeutung gewonnen, auch wenn der Begriff nach wie vor eher in der Theorie als in der Praxis zur Anwendung zu kommen scheint. Während somit das Diktum von der Einheit von Forschung und Lehre zumindest ansatzweise für Studierende gilt, kommt es für Lehrende bisher kaum zum Tragen: die Einführung von Lehrprofessuren und von Hochdeputatsstellen, die zunächst aus Studiengebühren und inzwischen aus dem Qualitätspakt Lehre finanziert werden, verstärken den Eindruck, dass die Gewinnung eines synergetischen Nutzens aus der Lehre für ‚lehrende Forschende' sogar zunehmend marginalisiert wird. Das (geisteswissenschaftliche) Konferenzseminar bietet, so hat dieser Beitrag gezeigt, eine Möglichkeit, ‚lehrendes Forschen' und das ‚forschende Lernen' der Studierenden genuin zu verknüpfen. Unter günstigen institutionellen Voraussetzungen – und das ist sicherlich eine der größten Einschränkungen dieses Kurstyps – erlaubt das Konferenzseminar nicht nur den Studierenden, eigenständig und proaktiv von einer Form der aktivierenden Lehre zu profitieren, die eng mit Forschungsprozessen verzahnt ist; auch Lehrende können tatsächlichen Erkenntnisgewinn aus dieser Form des Seminars ziehen. Mit Blick auf das ‚forschende Lernen' vermittelt das Konferenzseminar den Studierenden neben fachspezifischen Inhalten Einblicke in einen (authentisch simulierten) Forschungsalltag, in dem sie in die Rolle des Wissenschaftlers/der Wissenschaftlerin schlüpfen. Mit dem Ziel, am Ende des Lehr- und Lernprozesses ein (auch für Dritte interessantes) wissenschaftliches Paper verfassen, vortragen und verteidigen zu können, bietet das Konferenzseminar Studierenden die Möglichkeit, die einzelnen Etappen einer Fachtagung zu durchlaufen – und die eigene Forschungsarbeit in Form eines wissenschaftlichen Papers vorzustellen. Forschende können Konzepte erproben, die eigene Forschungspraxis kritisch reflektieren oder mit Studierenden transparent evaluieren, und im Idealfall über die Kursdiskussion auch Fortschritte in der eigenen Forschung verzeichnen. Da sich das Konferenzseminar am Aufbau von Fachtagungen orientiert, lässt sich das Konzept grundsätzlich auf all jene geisteswissenschaftlichen Fächer übertragen, in denen die wissenschaftlichen Gepflogenheiten (beispielsweise das Ablesen von Vorträgen im Gegensatz zum freien Vortrag mit Präsentationsfolien) vergleichbar sind. Auch in den Naturwissenschaften wurden ähnliche Konzepte bereits erprobt (vgl. Larkin 2014). Je nachdem, welchen Nutzen der Dozent/die Dozentin aus dem Konferenzseminar für seine/ihre eigene Forschung ziehen möchte und die institutionellen Kontexte dies zulassen, können inhaltliche Ausrichtung, Aufbau und Ablauf des Seminars individuell an die entsprechenden Bedürfnisse angepasst werden.

Die Corona-Krise hat die Digitalisierung der Hochschullehre stark vorange-trieben. In vielen Fachbereichen fanden Vorlesungen und Seminare zwischen dem Sommersemester 2020 und dem Sommersemester 2021 bis auf wenige Aus-nahmen ausschließlich online statt. Auch Fachtagungen wurden zum Schutz der Teilnehmer*innen in den digitalen Bereich verlegt. Die rapide Digitalisierung von Forschung und Lehre wirft damit abschließend die Frage nach der per-spektivischen Möglichkeit von virtuellen bzw. digitalen Konferenzseminaren auf, auch wenn es dazu bisher noch keine Erfahrungswerte gibt. Die zunächst aus der Not geborene Verlegung von Lern-, Übungs- und Diskussionsräumen in den digitalen Bereich zeigt, dass es grundsätzlich möglich ist, Konferenzen – und damit auch Konferenzseminare – online abzuhalten. Insbesondere im anglopho-nen Raum werden Tagungen außerdem schon seit Längerem digital begleitet, beispielsweise über eigene Hashtags in den sozialen Medien, die zum einen der Wissenschaftskommunikation dienen, zum anderen wissenschaftliche Teilhabe und Diskussion dezentralisieren. Für das hier vorgestellte Konzept des Konfe-renzseminars – das in Aufbau und Planung natürlich an digitale Räume angepasst werden müsste – böte ein digitaler Rahmen weitere Perspektiven, die es noch auszuloten gilt. Online-Plattformen unterstützen den Austausch zwischen Dozie-renden und Studierenden und könnten beispielsweise Kooperationen zwischen Seminaren an unterschiedlichen Standorten ermöglichen. Das übergreifende Ziel des Seminars, Studierende in die Rolle des Wissenschaftlers/der Wissenschaft-lerin einzuführen und ihren Lernfortschritt an forschungspraktische Einsichten zu koppeln, könnte damit im Rahmen eines Online-Konferenzseminars nicht nur erreicht, sondern möglicherweise sogar noch verstärkt werden.

Literatur

Bailey, Jane M. und Thomas R. Guskey. 2001. *Implementing Student-Led Conferences. Experts in Assessment.* Thousand Oaks, CA: Corwin.

Chappuis, Jan und Rick J. Stiggins. 2012. *An Introduction to Student-Involved Assessment FOR Learning.* 6. Aufl. Boston: Pearson.

Gruss, Susanne. 2020. Slippery Pirates: Generic Conventions and Discursive Instability in John Fletcher and Philip Massinger's Pirate Plays. In *Pirates in English Literature*, Hrsg. Claire Jowitt und Manushag N. Powell, *Humanities* 9.1: 7. <https://doi.org/10.3390/h9010007>.

Hoffmann, Sarah G. und Björn Kiehne. 2016. *Ideen für die Hochschullehre: Ein Methoden-reader.* Berlin: Universitätsverlag der TU Berlin.

Huber, Ludwig. 2009. Warum Forschendes Lernen nötig und möglich ist. In *Forschendes Lernen im Studium: Aktuelle Konzepte und Erfahrungen*, Hrsg. Ludwig Huber, Julia Hellmer und Friederike Schneider, 9-35. Bielefeld: Universitätsverlag Webler.

Huber, Ludwig. 2014. Forschungsbasiertes, Forschungsorientiertes, Forschendes Lernen: Alles dasselbe? Ein Plädoyer für eine Verständigung über Begriffe und Unterscheidungen im Feld forschungsnahen Lehrens und Lernens. *Das Hochschulwesen* 1&2: 32-39.

Kinney, Patti. 2012. *Fostering Student Accountability Through Student-Led Conferences*. Mit einem Vorwort von Rick Stiggins. Westerville, OH: AMLE & NASSP.

Larkin, T. L. 2014. The Student Conference: A Model of Authentic Assessment. *iJEP – International Journal of Engineering Pedagogy* 4.2: 36–46.

Lehmann, Judith. 2017. Vorwort. *Forschendes Lernen: Wie die Lehre in Universität und Fachhochschule erneuert werden kann*. Hg. Harald A. Mieg und Judith Lehmann. Frankfurt/Main: Campus Verlag. 11–12.

Ludwig, Joachim. 2011. *Forschungsbasierte Lehre als Lehre im Format der Forschung*. Brandenburger Beiträge zur Hochschuldidaktik 3. Potsdam: Universitätsverlag Potsdam. urn:nbn:de:kobv:517-opus-49858.

Lund, Nick. 2013. Ten Years of Using Presentations at a Student Conference as a Final Assessment. *Psychology Learning and Teaching* 12.2: 185–188.

Mieg, Harald A. und Judith Lehmann, Hg. 2017. *Forschendes Lernen: Wie die Lehre in Universität und Fachhochschule erneuert werden kann*. Frankfurt/Main: Campus Verlag.

Reinmann, Gabi, Eileen Lübcke und Anna Heudorfer, Hg. 2019. *Forschendes Lernen in der Studieneingangsphase: Empirische Befunde, Fallbeispiele und individuelle Perspektiven*. Wiesbaden: Springer.

Schlicht, Juliana. 2013. Forschendes Lernen im Studium: Ein Ansatz zur Verknüpfung von Forschungs-, Lehr- und Lernprozessen. In *Jahrbuch der berufs- und wirtschaftspädagogischen Forschung 2013*, Hrsg. Uwe Faßhauer, Bärbel Fürstenau und Eveline Wuttke, 165–176. Opladen/Berlin/Toronto: Barbara Budrich.

Lena Frommer ist Mitarbeiterin an der Hochschule Furtwangen. Sie hat einen Bachelorabschluss in „British and American Studies" von der Universität Konstanz. Ihren Master absolvierte sie im Fach „Literaturstudien – intermedial und interkulturell" an der FAU Erlangen-Nürnberg. Im Rahmen ihres Masterstudiums besuchte sie das von Prof. Susanne Gruß konzipierte ‚Konferenzseminar' *Pirates!*.

Susanne Gruß ist Professorin für englische Literaturwissenschaft an der Friedrich-Otto-Universität Bamberg. In Forschung und Lehre spezialisiert sie sich unter anderem auf zeitgenössische britische Literatur und Kultur, Adaptationen des langen 19. Jahrhunderts, sowie auf Shakespeares Zeitgenossen und kollaborative Autorschaft im frühneuzeitlichen England. Diese Inhalte gemeinsam mit Studierenden zu erforschen und begreifen ist ihr ein besonderes Anliegen.

„Anstiftung zur Forschung" – Theaterwissenschaftliche Master-Projektübungen als Impulsgeber und Katalysator für Lehre und Studium

Rasmus Cromme

Zusammenfassung

Weder die eigene Forschungsneigung noch das konkrete Forschungsprojekt müssen die Lehre zwangsläufig zum notwendigen Übel reduzieren – ganz im Gegenteil: Wer an der Universität arbeitet, kann häufig den Vorteil für sich nutzen, eigenständig – komplett intrinsisch bzw. strategisch motiviert – thematische Ausrichtungen und Schwerpunkte im methodischen Vorgehen von Lehrveranstaltungen vorzuschlagen sowie diese in Folge eigenwillig zu konzipieren und umzusetzen. Die frei gewählten Kursinhalte und -konzeptionen können so, frei(er) nach eigenem Gusto, zielgerichtet auch zur eigenen Vertiefung oder gar detaillierterem Forschen insofern antreiben, was den Lehrenden aktuell reizt und herausfordert, weil immer noch und stets die Neugier und der Wille bestehen, persönlich aufs Neue dazuzulernen und ein Thema (erneut) auszuloten. Für und Wider solch ambitionierten Lehr-Unterfangens werden im Nachgang von fünf sogenannten *Projekt*übungen im Masterstudiengang Theaterwissenschaft eruiert und evaluiert, Herausforderungen und Ansprüche formuliert.

Schlüsselwörter

Lehre • Forschung • Projektübung • Master-Studium • Theaterwissenschaft • Publikation • Evaluation • Projektmanager:in • Stärken • Schwächen • Chancen • Risiken • Herausforderungen • Potenziale

R. Cromme (✉)
Ludwig-Maximilians-Universität München, München, Deutschland
E-Mail: cromme.rasmus@lmu.de

J. Noller et al. (Hrsg.), *Lehre und Forschung*, Perspektiven der Hochschuldidaktik, https://doi.org/10.1007/978-3-658-45556-9_8

1   *Challenge accepted* – zur Verquickung wissenschaftlichen Lehrens und Forschens

Das Symposium „Forschung und Lehre – Widerspruch oder Synergie?" beschäftigte sich eingehend mit der Frage, wie sich Forschung und Lehre im universitären Kontext auf theoretischer Ebene und in der Praxis tatsächlich zueinander verhalten: Sie können und müssen zusammengehören, vielerorts wird dies an den bezeichnenderweise explizit so bezeichneten „Lehrstühlen" umgesetzt. Dabei stellt sich bei den Dozierenden immer wieder die Herausforderung, Lehre und Forschung in einem Spannungsfeld aus Anreizsystemen, Zeitmangel und persönlichen Interessen unter einen Hut zu bringen – und das selbstverantwortete individuelle Lehrangebot mitunter weniger pragmatisch oder gar ökonomisch zu fassen, demzufolge beispielsweise nicht besser doch zum wiederholten Male den bewährten und wesentlich fixeren, routinierteren Grundkurs mit vorgegebenem Textkanon zu übernehmen, sondern sehenden Auges über die zeitlichen und Stränge zu schlagen, mutig die eigenen Ressourcen zu überfordern, konzeptionelle Grenzgänge vermeintlich nicht nur in der Forschung, sondern bewusst auch in der Lehre zu wagen. Der Kursleiter oder die Kursleiterin „hat Lust" und reißt die Studierenden einfach mit: In beinahe jeder Veranstaltung lernt der Dozent oder die Dozentin selbst letztlich am meisten, was durchaus einem Privileg entspricht und sehr befriedigend sein kann. Schließlich kommt dies gegebenenfalls sogar *dem* großen Vorteil schlechthin gleich, überhaupt im universitären Kontext lehrend tätig zu sein – und das trotz all der Schwierigkeiten, die es vor allem in struktureller Hinsicht geben mag. Ob hingegen im universitären System die praktische Verbindung von Wissenschaft und Lehre besonders geschätzt wird oder gar karriereförderlich ist, kann generell nur selten bereits im Vorfeld bestätigt werden und auch im Nachgang nur punktuell, in jedem Fall sicherlich nicht immer gleichsam euphorisch bewertet werden.

Auch wenn ein Widerspruch zwischen Lehre und Forschung demzufolge zwar nicht zwingend gegeben ist, erfordert die *runde* Symbiose der beiden Seiten universitären Arbeitens jedoch ein großes Maß an Engagement: erweiterten zeitlichen Aufwand, zusätzliches technisches Equipment, einen größeren Finanzierungsrahmen mittels eigens beantragter Fördergelder sowie überhaupt verstärkten persönlichen Einsatz, damit das Ganze überhaupt erst in eine synergetische Wechselwirkung gelangen kann, in deren Folge die Forschung durch die Lehre und die Lehre durch die Forschung profitiert.

Im Folgenden wird am Beispiel von Projektübungen im Master-Studium der Theaterwissenschaft verdeutlicht und hinterfragt, wie diese als Impulsgeber und Katalysator sowohl für die Lehre der Dozentin oder des Dozenten als auch für den Studienfortschritt der Kursteilnehmer und Kursteilnehmerinnen sowie sogar für gemeinsame Publikationen fungieren und förderlich sein können. Zur abschließenden Einschätzung stets nach der Präsentation der jeweiligen Lehrveranstaltung werden die Evaluationen aus den durchgeführten Lehrveranstaltungen – anonymisiert, in Ausschnitten – miteinbezogen. Die getroffene Auswahl der Kommentare bildet dabei die Gesamtbewertung der Kurse repräsentativ ab.

Das Unterrichten im Master kann für Lehrende in vielerlei Hinsicht reizvoll sein: Zum einen sind die Teilnehmerzahlen generell überschaubarer als im Bachelorstudienbetrieb. Zum anderen ist der überwiegende Teil der Studierenden bereits fachlich vorbereitet, tritt entschiedener auf, ist erfahrener, einschlägiger mit der Materie verbandelt und vertraut. Ein gewachsenes Problembewusstsein für Thesen und „Knackpunkte", die es zu erschließen gilt, ist vorhanden, ebenso ein geschärftes Gespür für relevante oder zentrale Fragestellungen und – zentral im Fach Theaterwissenschaft – eine ausgeprägte Wahrnehmung von Theater als historisch tradiertem wie zeitgenössischem Medium der gesellschaftspolitischen und ästhetischen Auseinandersetzung, der Projektion, als Plattform der Selbstreflexion und künstlerischen Produktion im Kontext von Vergangenheit und Gegenwart.

2   Definition des Kursformats Projektübung

Im Masterstudiengang gibt es neben klassischen Haupt-/Forschungsseminaren in der Theaterwissenschaft sogenannte „Projekt-*Übungen*". Auch wenn die Bezeichnung im Grunde zunächst pauschal selbsterklärend ist, muss sich der Kursleiter bei dieser Mischung aus schaffendem Projekt- und trainierendem Übungscharakter bei der Kursanlage doch jedes Mal aufs Neue die (Sinn-)Frage stellen: Was ist das eigentlich, was kann das – warum, wofür, wozu? Eine zitierfähige Definition laut Prüfungs- und Studienordnung existiert nicht und wurde auch bei der Überarbeitung der Prüfungsordnungen nicht vom Ministerium eingefordert. Unter §1 Gegenstand des Studiengangs und Zweck der Masterprüfung findet sich lediglich folgende Formulierung: „[5]Die intensive wissenschaftliche Auseinandersetzung erfolgt in Forschungsseminaren, die von Projektübungen inhaltlich und methodisch begleitet werden."[1]

Da es keine spezifische definitorische Vorgabe gibt, bedeutet dies im Umkehrschluss, dass der Lehrende gewissermaßen alles Mögliche unternehmen kann –

---

[1] Prüfungs- und Studienordnung der Ludwig-Maximilians-Universität München für den Masterstudiengang Theaterwissenschaft (2012) vom 13. August 2014. Alle weiteren einschlägigen Zitate (Lerninhalte und Lernziele) sind entsprechend aus diesem Dokument übernommen.

dennoch bedarf es der Präzisierung individueller Vorstellungen, geht es doch um die Anwendung, den eigenen Umgang und den Transfer vom Fachstoff in kreativer Manier bei in der Tat vorgeschriebenem Prozesscharakter: Idealerweise mündet dieser prozessuale Kursverlauf schließlich in einem wie auch immer gearteten (arbeits-)gruppenspezifischen kollektiven Projektergebnis. Die eingangs demonstrierte Unbestimmtheit der ministeriellen bzw. universitären Vorgaben kann durchaus als große Chance begriffen werden: Nicht nur die Kunst ist frei, sondern bekanntlich auch Forschung, Wissenschaft und Lehre, und genau diese Prämisse wird hier herausfordernd zur Umsetzung eingefordert, erlaubt diese Freiheit doch den individuellen Ansatz und Zugriff – ja fordert diesen geradezu heraus. Dies impliziert auch, dass bei Projektübungen der oder die Dozierende sich mitunter klar als Projekt*manager* begreifen und verorten muss. Folglich ist er nicht nur (Fach-)Vermittler, Moderator und Prüfer, sondern auch antizipierender Veranstalter eines in Aussicht gestellten Projekts: Diese Aufgabe bedeutet schon in der Konzeptions- und Vorbereitungsphase der Lehrveranstaltung zusätzlichen Aufwand und Einsatz. Sie erfordert genaue und umfassende Planung bereits vor Kurs- bzw. Projektstart, denn in der Regel kann das Projekt nicht länger als 14 Semesterwochen(-sitzungen) dauern und muss in groben Zügen und folglich detaillierten Zielvorgaben bereits zu Kursbeginn angelegt sein. Ein „Kaltstart" ohne intensive Vorbereitung ist weder ergebnis- noch prozessförderlich, zumal in den Anfangssitzungen zunächst die Kursteilnehmenden – Studierende im Hauptfach, Profilbereich und/oder Nebenfach, mitunter auch des Seniorenstudiums – mit durchaus unterschiedlichen Vorkenntnissen, Erwartungen und Arbeitsintensitäten zeitintensiv aufeinander eingestimmt werden müssen, um gemeinsam das Projektziel verfolgen zu können. In der Regel gibt es kein Auswahlverfahren vorab, folglich keine Bewerbungsmodalitäten und -kriterien, anhand derer bereits im Vorfeld eine homogene Gruppe zusammengestellt werden könnte. Ab Startsitzung läuft die Semesterzeit ohne Unterlass.

Eine Erläuterung zum Verständnis: Die Leitung der dreistündigen Forschungsseminare ist in der Regel ausschließlich Professoren, Professorinnen, Privatdozenten und Privatdozentinnen vorbehalten, die Leitung der zweistündigen Projektübungen kann zusätzlich auch von promovierten Lehrbeauftragten, Lehrstuhlmitarbeitern oder -mitarbeiterinnen übernommen werden. Ein Forschungsseminar und eine Projektübung im selben Modul sind nicht zwingend inhaltlich-konzeptionell aufeinander bezogen, sondern im Großteil der Fälle völlig autarke, also voneinander losgelöste, unabhängige Lehrveranstaltungen. Das kann problematisch, aber manchmal auch hilfreich sein.

3   Präsentation und Evaluierung der Projektübungen

Im Folgenden werden fünf polyvalent den Master-Studiengängen Theaterwissenschaft und Dramaturgie zugeordnete Projektübungen auf ihre Stärken und Potenziale sowie auf Schwächen und Risiken überprüft. Hierbei soll rekapituliert werden, was und in welcher Weise in diesen Kursen, die den Versuch unternahmen, wissenschaftliches Lehren/Lernen mit praxisbezogener Anwendung projektartig zu verbinden, zielführend funktioniert hat. Zugleich werden die Herausforderungen für Lehrende wie Teilnehmende dieses Lehrformats herausgearbeitet.

3.1   Modul « Erschließung und Präsentation von Quellen zur Theatergeschichte »

Die in zwei aufeinander folgenden Wintersemestern durchgeführten Übungen entstanden gemeinsam mit einem Doktoranden im Rahmen eines Forschungsprojekts zur Geschichte der bayerischen Staatsoper betreffend den Zeitraum zwischen 1933, der Machtübernahme durch die Nationalsozialisten, und 1963, als das im Krieg zerstörte Opernhaus wiederaufgebaut war und wiedereröffnet wurde:
„Aktenzeichen NS – Kunst und Politik im Nationalsozialismus am Beispiel der Bayerischen Staatsoper",
„Aktenzeichen BRD – Kunst und Politik im Nachkriegsdeutschland am Beispiel der Bayerischen Staatsoper".

3.1.1   Ausrichtung und Konzeption
Eingebunden in ein Projekt zur Erschließung und Präsentation eines kleineren Quellenbestandes, erproben und erfahren die Studierenden in beiden Projektübungen   wie in der Prüfungsordnung zum (Teil-)Modul hervorgehoben – die zentralen Aspekte einer praktischen Berufsorientierung im Bereich der theaterhistoriographischen Arbeit: die Erfassung und diskurs-inhaltliche Aufbereitung von Quellenmaterial, das Kennenlernen von Forschungsmethoden der Analyse und Interpretation von Daten, die Konnotation mit den Rahmenbedingungen der Überlieferung, die eigene Erschließung, Auswertung, Edition sowie Präsentation verschiedener Quellen(-gattungen). Zu den Lernzielen für die Studierenden gehört, dass sie am konkreten Untersuchungsbeispiel gezielt ihre Kenntnisse und Methoden der Erschließung vertiefen und erweitern, sich in der Auswertung sowie der kritischen Analyse und Präsentation ausprobieren, sich selbstständig

und eigenverantwortlich in quellenkritischer Hinsicht mit den herausgefilterten Ergebnissen auseinandersetzen, diese wissenschaftlich auswerten und schließlich (als vorläufigen Zwischenstand) referieren. Lerninhalte des (Teil-)Moduls laut Prüfungsordnung:

1 Ergänzend zum Hauptseminar bietet die Übung eine praktische Berufsorientierung in den Arbeitsfeldern der Erfassung, Konservierung und Aufbereitung von Quellenmaterial zur Theatergeschichte.

2 Auf der Basis von neueren Forschungsmethoden der Theaterhistoriographie werden die Rahmenbedingungen der Überlieferung, Erschließung, Auswertung, Edition und Präsentation von unterschiedlichen Quellengattungen reflektiert und in einem gemeinsam zu bearbeitenden Projekt zur Erschließung und Präsentation eines kleineren Quellenbestandes erprobt.

Lernziele:

1 Die Studierenden vertiefen und erweitern ihre Kenntnisse und Methoden in der quellengruppen-spezifischen Erschließung, Auswertung sowie in der kritischen Analyse und Präsentation von Text-, Sach- und Bildquellen zur Theatergeschichte.

2 Sie sind in der Lage, sich mit einem Quellenbestand selbstständig in quellenkritischer Hinsicht auseinanderzusetzen, diesen wissenschaftlich auszuwerten und zu präsentieren.

Die erste Projektübung thematisierte künstlerische und personelle Brüche und Kontinuitäten an der Staatsoper während der NS-Zeit, die zweite die Institution unter denselben Aspekten beginnend mit der unmittelbaren Nachkriegszeit bis Anfang der 1960er Jahre. Die Kurse, angesiedelt an der Schnittstelle von Zeitgeschichte, Politik und Theaterwissenschaft vermittelten stofflich einen umfassenden Überblick und übten den forschungsnahen Zugang aus theaterhistoriografischer Perspektive, sowohl bzgl. der Recherche und Auswertung von Archiv-Quellenmaterial sowie der Kontextualisierung der Untersuchungszeit aus der eigenen Gegenwart heraus. In diesem Rahmen waren mehrere Exkursionen, unter anderem ausgewiesene Führungen durchs Münchner Stadtmuseum und NS-Dokumentationszentrum, thematische Rundgänge durch München und die Bayerische Staatsoper oder zum Reichsparteitagsgelände in Nürnberg vorgesehen. Darüber hinaus sollte von den Studierenden anhand von Archivrecherchen (etwa Bayerisches Staats- sowie Hauptstaatsarchiv, Münchner Stadtarchiv, Monacensia, Deutsches Theatermuseum) in Arbeitsgruppen anhand von Fallbeispielen ein eigenes kleines Forschungsvorhaben erarbeitet, durchgeführt und abschließend präsentiert werden. Konkret beinhaltete dies die Sichtung und Auswertung von Akten und Archivmaterial verschiedener Provenienz: Personal- und Werk-/ Inszenierungsakten, Schriftwechsel, Fotodokumentationen sowie unter Umständen die Erstellung eines Pressespiegels. Als klar kommunizierte Voraussetzung für die Kursteilnahme galt die Bereitschaft zum Einsatz von Arbeit und Zeit. Jeder der beiden Kurse wurde von 15 Studierenden besucht. Exkursionsteilnahmen waren verpflichtend, ebenso die mediale Abschlusspräsentation der Arbeitsgruppen im Kursplenum sowie ein schriftliches Dossier, das strukturiert aufbereitete Archivexzerpte zum Inhalt haben sollte. In Ergänzung zum Kursplenum war zusätzlich eine wöchentliche Archivarbeitsgruppe zu besuchen, um unter Anleitung gemeinsam Akten zu bestellen, zu besprechen und zu überlegen, wie mit den Archivalien im Sinne einer Auswertung und Auslegung umgegangen werden kann bzw. muss: Die Studierenden hielten außerordentliche Dokumente in ihren Händen und kamen unmittelbar mit herausfordernder Geschichte in Berührung, mit der es sich wissenschaftlich auseinanderzusetzen galt. Prüfungstechnisch mussten die studentischen Recherchen operationalisiert, verwertet und entsprechend transparent bewertet werden. Hierzu wurde als originäre Prüfungsform das Dossier (weiter)entwickelt, obligatorisch mit Titelblatt, Inhaltsverzeichnis, einer Präambel, in der explizit benannt wird, welches Material in welchem Umfang gesichtet wurde, und in der vorgestellt wird, worauf in der ausformulierten Betrachtung und Einschätzung der Fokus liegt. Der zweite Teil beinhaltet die genaue Auflistung sowie einzelne Exzerpte und Nachweise der gesichteten Bestände. Am Ende folgen in einem dritten Teil eigene verschriftlichte Kontextualisierungen jeweils zu einer Personalakte und zu einer inszenatorischen Begebenheit. Dieses Prüfungsformat musste sehr genau erarbeitet und vorgegeben werden, damit die Studierenden eine verlässliche Orientierung und Handreichung für ihre Projekt-Teilarbeiten haben. Zum Semesterende gab jede/r eine Sammlung von 30 bis 50 Seiten dazu ab, was zu den einzelnen vorgegebenen Werken und zu entscheidenden Personalien – Sänger, Sängerinnen, Regisseure, Intendanten, Generalmusikdirektoren u. dergl. – herausgefiltert werden konnte. Nur weil die Kurs-/Archivgruppenleiter auch Einblicke in die Akten nehmen konnten und sowieso bereits intensiv mit der Materie vertraut waren, konnte eine passende individuelle Beratung ermöglicht werden – herausfordernd, doch zielführend für Forschungskurs *und* Forschungsprojekt. Am Ende des Semesters hielten die Archivgruppen Präsentationen im Kursplenum. Für den zweiten Kurs entstanden zum Beispiel so die Themenrunden „Kunst und Sparzwang im Nachkriegsdeutschland", „In den Trümmern auf den Brettern der Welt – Die alte Oper und die neue BRD" oder „Zurück in die Zukunft – Der Weg zur Wiedereröffnung".

Nach dem jeweiligen Kursabschluss und der Einreichung der Dossiers mit gesicherten Ergebnissen konnten Teilnehmende beider Projektübungen auf freiwilliger Basis (mit entsprechender Beteiligung an der redaktionellen Überarbeitung) im Magazin der bayerischen Staatsoper einen Artikel veröffentlichen, in dem unter Nennung des jeweiligen studentischen Autors, wie bereits im Dossier angelegt, ein Forschungsarchivobjekt dargestellt, kontextualisiert und kommentiert wurde. Einzelne Studierende verfassten zudem die Einleitung zu den insgesamt drei veröffentlichten Artikelserien.[2] Neben den ersten Textveröffentlichungen brachten die Projektübungen so manche Absolventin auch professionell auf fokussiert wissenschaftlichen Kurs: Einzelne wurden studentische Hilfskräfte im Forschungsprojekt, übernahmen u.a. fachkundig Aufgaben beim Abschlusssymposium. Zu einem Recherchethema der Übung entstand im Nachgang eine Masterarbeit, die wiederum in Ausschnitten in der Abschlusspublikation des Forschungsprojekts Verwendung fand. Diese Studentin empfahl sich für eine Doktorandenstelle in einem international ausgerichteten theaterhistoriografischen Forschungsprojekt. Eine andere Kursteilnehmerin publizierte ebenfalls in der Abschlusspublikation, eine weitere empfahl sich als Teilzeitmitarbeiterin im Ausstellungs- und Recherchebereich des Deutschen Theatermuseums und wurde ebenfalls Doktorandin in einem Forschungsprojekt.

3.1.2 Evaluation und abschließende Einschätzung

Als Stärken und Potenziale[3] beider Lehrveranstaltungen wurden hervorgehoben: die klare Projekt- und Kursdramaturgie, die Projektplanung, die Dichte

---

[2] Die Serien „Im Ränkespiel der Macht", „Die Opernästhetik auf Linie gebracht?" und „Kontinuität oder Neubeginn? Die Bayerische Staatsoper in den Jahren 1945 bis 1963" sind erschienen in *Max Joseph* Nr. 1 2015/16 (Oktober 2015), Nr. 2 2015/16 (Januar 2016) und Nr. 4 2015/16 (Juni 2016), als PDF abrufbar unter: https://www.theaterwissenschaft.uni-mue nchen.de/forschung/abgeschl_proj/wie-man-wird_-was-man-ist/index.html.

[3] Stärken und Potenziale Kurs „Aktenzeichen NS": Der Kurs folgte einer vorher sinnvoll angelegten *Dramaturgie*. Bis zum Schluss haben wir immer Neues gelernt; *umfassende Kontextualisierung* des Themas, methodisch und inhaltlich (Antisemitismusforschung, Wissenschaftstheorie der Geschichtswissenschaft); Theaterhistoriographie *in Praxis* zu lernen ist toll, die *Struktur der Sitzungen* war immer klar und das Thema sehr spannend. Die *Exkursionen* haben das Ganze gut ergänzt.
Stärken und Potenziale Kurs „Aktenzeichen BRD": Die *Dichte der Themen*, die lebhaft verhandelt und von verschiedenen Seiten beleuchtet/kontextualisiert wurden. Dazu zählt auch die Einbettung der vielen *Exkursionen* in den Seminarplan; Forschungsarbeit *im Archiv/ in Archivgruppen*; sehr gut gefallen hat mir, dass man als Student *selber etwas herausfinden konnte und sehr selbstständig arbeiten* durfte. Hervorhebungen, auch in kommenden Fußnoten, jeweils vom Verfasser.

der Themen, die umfassende Kontextualisierung aus dem Forschungsprojekt heraus, der theaterhistoriografische Praxisbezug insbesondere in der Archiv- bzw. Archiv*gruppen*arbeit, die ergänzenden Exkursionen und die pointiert aufeinander aufbauenden Sitzungen. Bemängelt und kritisiert[4] wurden der umfangreiche zeitliche Arbeitsaufwand, diesbezüglich wiederum auch die zusätzlichen Exkursionen (teils) außerhalb der Kurszeit, die umfassende Lektüre von Sekundärliteratur, die Anzahl und Dichte der Leistungsnachweise samt Dossiers, die generelle Einordnung eines solchen Formats (nur) als Projektübung und letztlich die zu geringe Vergütung des zeitlichen Aufwands mit (lediglich) sechs ECTS-Punkten.[5] Die Evaluationen wurden in den Kursen besprochen, letztlich bestand Einverständnis, dass eine „Sparversion" solch forschungsprojektbezogener Übungen schwerlich durchführbar, geschweige denn für alle Beteiligten als intensive Studien- und Prozesserfahrung so ergiebig hätte sein können.

3.2 Modul « Studien zu Ästhetiken und Strukturen des Gegenwartstheaters »

Im Folgenden werden Projektübungen reflektiert, die explizit nicht an ein Forschungsprojekt angebunden waren:

„Rückzug ins Private, bis zum bitteren Ende? – Boulevardtheater zwischen Kunst und Kommerz. Stücke, Autoren, Entwicklungen",

„Münchens Theaterangebot für ein jugendliches Publikum – Profile und Programmatiken",

„Münchens Freie Bühnen – Recherchen und Interviews zu Inszenierungen und künstlerischen Visionen, Publikumsstruktur und Förderungsmodellen".

---

[4] Schwächen und Risiken Kurs „Aktenzeichen NS": Für eine Projektübung war der *Arbeitsaufwand* klar zu hoch (Exkursionen + umfassende Lektüre + zwei Leistungsnachweise + Dossier). Einordnung eines solchen Formats als Projektübung bitte überdenken; *Zeitlicher Aufwand* war mit Vor- und Nachbereitung, Arbeitsgruppe und Exkursionen für 6 ECTS tendenziell zu hoch.

Schwächen und Risiken „Aktenzeichen BRD": Der *Aufwand für den Kurs* steht in keinem Verhältnis zu den ECTS-Punkten und zu Leistungen, die man in anderen Projektübungen mit gleicher ECTS-Punktezahl erbringen muss. Deswegen sollte diese Projektübung besser als Seminar angeboten werden; Ein etwas geringeres *Arbeitspensum* wäre sinnvoll... :-); Mehr *Zeit*/Mehr *Unterrichtsstunden*/Mehr *ECTS*.

[5] Sechs ECTS-Punkte entsprechen gemäß offiziellen Vorgaben grundsätzlich 180 studentischen Arbeitsstunden für den Kursbesuch sowie die individuelle Vor- und Nachbereitung der einzelnen Sitzungen.

3.2.1   Ausrichtung und Konzeption

Wie die Prüfungsordnung anführt, werden in diesem (Teil-)Modul ausgewählte
Inszenierungen und Theatertexte, deren Analyse sowie generell die Diskussion
von ästhetischen Formen und Strukturen des Gegenwartstheaters im Verbund mit
theaterästhetischen Theorien behandelt. Als Lernziele sind vertiefte Untersuchungen und Analysen aktueller Theaterformen vorgesehen, die es zu reflektieren und
zu diskutieren gilt. Geübt werden Methoden und Arbeitsweisen im Umgang mit
aktuellen Theaterinszenierungen und -texten. Weniger bekannte oder unbekannte
theaterästhetische Strukturen sollen durch wissenschaftliche Auseinandersetzung
und Diskussion erschlossen werden.

Lerninhalte des (Teil-)Moduls:

1 Die Übung ergänzt das Forschungsseminar zu aktuellen Theaterformen.

2 Anhand ausgewählter Inszenierungen und Theatertexte wird die Analyse und Diskussion ästhetischer Formen und Strukturen des Gegenwartstheaters geübt und vertieft.

3 Aktuelle theaterästhetische Theorien werden in ihrer Anwendung erprobt.

Lernziele:

1 Die Studierenden sind befähigt, vertiefte Untersuchungen und Analysen aktueller
Theaterformen durchzuführen, diese zu reflektieren und zu diskutieren.

2 Sie kennen Methoden und Arbeitsweisen im Umgang mit aktuellen Theaterinszenierungen und -texten.

3 Sie verfügen über die Fähigkeiten, auch noch unbekannte theaterästhetische Strukturen der wissenschaftlichen Analyse zugänglich zu machen.

Die Projektübung „Rückzug ins Private, bis zum bitteren Ende? – Boulevardtheater zwischen Kunst und Kommerz. Stücke, Autoren, Entwicklungen"
thematisierte das unterhaltende Privattheater, im Fach ambivalent bis umstrit-
ten diskutiert. Der Kursinhalt, nämlich die Beschäftigung mit dem Phänomen
‚Boulevardtheater‘ durch intensive Stücklektüre und -interpretation (sogenannten
„Zimmerschlachten") sowie die eigene Einschätzung der aktuellen Spielplantaug-
lichkeit, führte zur Projektidee: dem gemeinsamen Erstellen eines Handbuchs im
Sinne eines „fortgeschrittenen", vertieften Schauspielführers mit Texten, die mitunter Verwendung finden könnten in einem Spielplan-Leporello oder als eigenständiger Programmheftbeitrag. Dieses dramaturgische Arbeiten wurde eingeübt

und im Plenum reflektiert durch einen unbenoteten studentischen „Werkstattbe-
richt" zum jeweils gelesenen Stück und die darauffolgende Verschriftlichung in
Essayform mit Forschungsnähe zum ambivalentem Begriff des Boulevard- und
Unterhaltungstheaters. Das im Kursverlauf gezielte Formulieren und Diskutieren von Haupt- und Untertiteln für den geplanten Text sowie das Schreiben
für eine explizit nichtwissenschaftliche Leserschaft – Theaterbesuchende oder
Theaterschaffende – erwies sich als ein herausfordernder, weil praxisnaher Perspektivwechsel und führte zu ergiebigen Gesprächen. Da im Lesekanon auch
ein relativ neues Stück einer Münchner Autorin vertreten war, zu dem es keinerlei Sekundärliteratur gab, nahm eine Studentin die Herausforderung an, die
Dramatikerin in den Kurs einzuladen und so mittels eines mit Leitfaden konzipierten Interviews Material für ihren Text selbst zu generieren. Gemeinsame
Aufführungsbesuche ergänzten und befeuerten kontroverse Diskussionen zum
Ästhetik- und Publikumsbegriff im Boulevard- und Unterhaltungstheater. Nach
der Benotung der einzelnen Textbeiträge wurden diese zu einem kursinternen
Handbuch kompiliert, von dem jeder Teilnehmer und jede Teilnehmerin kostenfrei ein Exemplar erhielt. Der Druck wurde auf Antrag komplett vom Praxisbüro
des Departments Kunstwissenschaften gefördert.

Der Kurs „Münchens Theaterangebot für ein jugendliches Publikum – Profile
und Programmatiken" behandelte ein breit gefächertes und ebenso ambivalentes
Feld gegenwärtiger Programm- und Strukturvarianten. Die Auseinandersetzung
mit Jugendtheater als Gattung, Genre bzw. Sparte am Beispiel der Münchner
Theaterlandschaft erforderte von den Teilnehmenden eigenständige, einschlägige
Recherchen und Feldforschung, d.h. Quellengenerierung über das Führen eines
Interviews sowie die schriftliche Auswertung für die nun optimierte Projektidee
eines Almanach-artigen, kursinternen Handbuchs. Gäste aus dem Kulturreferat
der Stadt und Dramaturg:innen verschiedener Theater bereicherten um Einblicke
in Arbeitswelten und Diskussionen. Im Vergleich zum vorangegangenen wurde
in diesem Kurs bereits im Plenum wesentlich eingehender gemeinsam die individuell zu verantwortende Bildredaktion präsentiert und reflektiert. Die Erfahrung
aus der zuvor erlebten *Projekt*übung führte ebenso zur Anstellung einer studentischen Hilfskraft aus der Teilnehmergruppe, die im Nachgang mit der Kursleitung
gemeinsam die Abschlussredaktion begleitete und in Absprache eigenverantwortlich das Gesamtdesign des Buches übernahm. Diese Studentin verfasste daraufhin
im Folgesemester ihre komplette Masterarbeit zu ihrer (erweiterten) Themen-
stellung der Projektübung. Eine andere Studentin schrieb mit Unterstützung der
Kursleitung für das gesamte Buch das einführende und zugleich resümierende
Vorwort. Das Impressum wurde entsprechend transparent gestaltet, jede/r Beitra-
gende ist aufgeführt. Die Druckkosten des für die Teilnehmenden kostenfrei zur

Verfügung gestellten Handbuchs wurden erneut vom Praxisbüro des Departments übernommen.

Die Projektübung „Münchens Freie Bühnen – Recherchen und Interviews zu Inszenierungen und künstlerischen Visionen, Publikumsstruktur und Förderungsmodellen" hatte konkret die festen kleinen Häuser, mitunter auch Kellerbühnen, in München zum Gegenstand. Diese erhalten finanzielle Förderung von der Stadt und bereichern die freie Theaterszene auf andere Weise als die ganz losen Gruppen, strukturell und ästhetisch wiederum agieren sie komplett verschieden als die institutionalisierten, großen Theaterhäuser von Stadt und Staat. Projektvorhaben war eine Ausstellung zu Münchens Freien Bühnen in den Seminarräumen des Instituts, die für andere Theaterwissenschaftsstudierende inhaltlichen wie fachperspektivischen Einblick gibt in die Auseinandersetzung mit Strukturen und Ästhetiken der Freien Szene Münchens am Beispiel ebenjener „festen" Bühnen. Unter anderem thematischen Vorzeichen bestanden die Lerninhalte und -ziele Quellengenerierung/Feldforschung ebenfalls wie in den Vorgängerübungen aus der einschlägigen Recherche, dem Führen eines Interviews sowie in diesem besonderen Fall aus einer abschließend schriftlich-graphischen Auswertung zum Zwecke einer zugleich problematisierenden Vermittlung der erlangten Fakten und Ergebnisse. Im Rahmen des Kursverlaufs präsentierten zwei Master-Absolventinnen des Instituts die Ergebnisse ihrer einschlägigen Abschluss-Arbeiten und stellten ihren jeweils gewählten Ansatz des methodischen Zugriffs zur Diskussion. Jenseits der wissenschaftlichen Perspektive ermöglichte das Kursformat eine realitäts-praxisnahe Annäherung an den Bereich der lokalen Theaterschaffenden durch neun gemeinsam erlebte und evaluierte Vorstellungsbesuche, teils durch Diskussionsgäste von einzelnen Bühnen und aus dem Kulturreferat sowie durch studentisch geführte Interviews in Nachgesprächen mit Theaterleitern „vor Ort", aufgrund derer sich in manchen Fällen auch der Kontakt für anschließende Hospitanzen und Assistenzen ergab. Abschließend entstanden aus der Arbeit in studentischen Tandems acht Bühnen-Porträts im Poster-Format, die für ein Jahr in eigens angeschafften Wechselrahmen im Institut zu sehen waren.

3.2.2   Evaluation und abschließende Einschätzung

Als Stärken der Lehrveranstaltung zum Boulevardtheater[6] hervorgehoben wurden die Projektkurs-Struktur, die Stückauswahl, die Theaterbesuche, das insgesamt diskussionsfreudige Plenum und der ergebnisoffene Diskurs. Als Schwächen und Risiken wurden von einer Studentin des Nebenfachs die (zu) umfangreichen Prüfungsleistungen moniert. Dass die Ergebnisse aus dem Kurs manchmal noch mehr in den gesamtwissenschaftlichen Kontext hätten eingebunden werden können, verdeutlicht auch schon die Grenzen eines solchen Projektkurses, in dem achtzehn Personen einzeln ihre Werkstattgespräche (vor)führen (müssen): Eine weitere Sitzungsstunde pro Woche wäre für den Brückenschlag mittels vertiefender Literatur hilfreich gewesen – sowie die entsprechende vorbereitende Leseleistung aller Beteiligten vorab, die nur bedingt obligatorisch einforderbar ist, wenn wöchentlich sowieso schon zwei Theaterstücke zu lesen sind. Vielleicht sollte der zeitliche Umfang von Projektübungen, gerade im Vergleich zu den vorwiegend theoriebezogenen dreistündigen Forschungsseminaren, bezüglich dessen, was diese letztlich alles stofflich sowie in methodischer Hinsicht abdecken sollen, von Neuem überdacht werden.

Am Kurs „München für jugendliches Publikum"[7] positiv hervorgehoben wurde die Förderung individueller Arbeitsweisen, der gelungene Ausgleich von Texttheorie und Praxisbezug sowie die Zeit zum ausführlichen Diskutieren mittels des Einsatzes verschiedener Methoden im Plenum, weil für diesen Kurs bewusst keine zeitintensiven, womöglich der Gruppendynamik zuwiderlaufenden Referate vorgesehen waren. Auch die Theaterbesuche sowie die Expertengäste vonseiten des Kulturreferats und drei verschiedenen Theatern fanden kurskonstruktiv

---

[6] Kurs „Boulevardtheater" – Stärken und Potenziale: Klare *Struktur*; Gute *Stückauswahl*; *Exkursionen*; *Diskussion*sfreudiges Plenum; Ergebnisoffener *Diskurs*. – Schwächen und Risiken: Referat UND Übungsaufgabe => sehr *umfangreiche Prüfungsleistung* für eine Projektübung; die Ergebnisse aus dem Kurs könnten manchmal noch mehr in einen gesamtwissenschaftlichen *Kontext* eingebunden werden.

[7] Kurs „München für jugendliches Publikum" – Stärken und Potenziale: Guter *Ausgleich Text und Theorie vs. Praxis*; dass jede/r voll dabei war und es genug Zeit und Möglichkeiten gab, *ausführlich zu diskutieren*. Dies lag auch daran, dass es *keine Flut von Referaten* gab; die unterschiedlichen (kreativen) *Arbeitsweisen* (Plakate, Gruppenarbeiten etc.); sinnvolle und gewinnbringende Einbindung der *Aufführungsbesuche* ins Seminar; Regelmäßige *Diskussionen mit Gästen* verschiedenster Einrichtungen; eine Zusammenstellung der Abschlussbeiträge der Teilnehmenden ist ein *schönes Endprodukt* und gewinnbringend für alle Beteiligten; Förderung *individueller Arbeitsweisen*. – Schwächen und Risiken: Der Kurs hat insgesamt so viele spannende Fragen, Diskussionen und Themen aufgemacht, sodass ich mir manchmal gewünscht hätte, es hätte sich um ein *dreistündiges Forschungsseminar statt einer zweistündigen Projektübung* gehandelt.

bewertenden Anklang wie auch die Zusammenstellung der Abschlussbeiträge der Teilnehmenden für alle Beteiligten. Der Forderung nach einem dreistündigen vertiefenden Forschungsseminar zum Thema Jugendtheater konnte aufgrund des expliziten Kommentars in der Evaluation im Folgesemester durch eine Kollegin prompt entsprochen werden.

Zu den einzeln attestierten Stärken und Potenzialen der Projektübung zu Münchens Freien Bühnen[8] zählten die alternative Prüfungsform der Plakat-*Session* und auch die nachhaltige Ergebnissicherung in Form der länger hängenden Ausstellung. Arbeitspensum und Praxisanteil wurden als angemessen bewertet. Eine Studentin des Profilbereichs beanstandete die „doppelte Prüfungsleistung" bzw. dass nur die schriftliche Leistung abschließend bewertet werde, was hingegen bereits mit Einführung des Masters institutsintern bewusst so festgelegt worden war, um mündliche Leistungen, denen prüfungstechnisch noch eine Verschriftlichung folgt, rein als prozessuales *Tool* der Vorbereitung und Fokussierung ohne studentischen Erfolgs- und Leistungsdruck in den Kursverlauf integrieren zu können.

4   Resümee – Miteinander mittendrin

Die Hauptstärke des geschilderten Formats ‚Projektübung' besteht darin, dass die postulierte Freiheit im Lehren und Lernen von studentischer und unterrichtender Seite tatsächlich gemeinsam umgesetzt werden kann, weil eine individuelle freie Gestaltung seitens der Kursleitung uneingeschränkt möglich ist und somit auch das Begeistern und „Reinsteigern" der Studierenden beispielsweise bis hin zu freiwilligen Extra-*Sessions* im Archiv („Ich habe gerade den neuen Schwung Akten bekommen"): Begeisterung ist einfach ansteckend und zwar in beide Richtungen. Trotz allen Praxisbezugs ist die umfassende fachliche, wissenschaftliche Kontextualisierung notwendig und impliziert zusätzliche Exkursionen, Vorstellungsbesuche, Einladung von Expertengästen, keine bis gar keine Referate,

---

[8] Kurs „Münchens Freie Bühnen" – Stärken und Potenziale: Ein *realitäts- und praxisnahes Format*, das eindeutig Abwechslung zum klassischen Uni-Alltag liefert! Künftig könnten mehr Übungen in dieser Art angeboten und vor allem in den Übungen *alternative Prüfungsformen* angeboten werden; das *Arbeitspensum* war dem Kursumfang absolut angemessen, sodass ich keine Schwierigkeiten hatte, den Kurs angemessen vor- und nachbereiten konnte. Dem hohen *Praxisanteil* in der Forschungsarbeit ist es zu verdanken, dass ich das Gefühl habe, ein tiefes Verständnis der Münchner Kulturpolitik zu haben. – Schwächen und Risiken: Teilnehmer mussten *quasi doppelte Prüfungsleistung* ablegen: Theater präsentieren UND Plakat erstellen. Das ist ok, aber es ist schade, dass die Präsentation nicht in die *Wertung/Notengebung* mateinfließt.

stattdessen konstruktive, offen gestaltete „Werkstattgespräche" und interaktive Plenumsdiskussionen – und am Ende auch noch ein originäres Projektergebnis. Potenziale, Möglichkeiten, Chancen gibt es viele: Die Studierenden schnuppern in Forschungsbereiche, werten unter Anleitung bestehende Quellen aus bzw. generieren neue, passgenau und individuell fordernde Fragestellungen, sie werden gefördert im selbstständigen, eigenverantwortlichen Arbeiten. Außer überschaubaren Formalia für einen vergleichbaren Prüfungs- und Projektergebnis-Rahmen sollte es so wenig Vorgaben wie möglich geben, was zweifelsohne leichter umzusetzen ist in Lehrveranstaltungen, die nicht an ein Forschungsprojekt angebunden sind.

Das individuelle oder das gemeinschaftlich entwickelte Projektergebnis kann ein sehr fruchtbares sein, vor allem wenn es sichtbar zur Teilhabe anderer veröffentlicht wird, sei es in Magazinbeiträgen, einem kursinternen Handbuch oder einer Poster-Vernissage. Für den Lehrenden bedeutet die intensive Umsetzung einer Projektübung Wissenszugewinn und noch mehr Impulse für vertiefende Forschungen, Lust auf weitere Themen und Projekte im gemeinsam erlebten Lernverbund und -prozess.

Selbstverständlich setzt das projektbezogene Lehren und Studieren zuallererst auf die Neugier und den Idealismus aller Beteiligten. Das studentische Arbeitspensum ist im Zweifel bei den tatsächlich forschungsprojektbezogenen und daher stofflich wie methodologisch komplexeren Projektübungen überdurchschnittlich bis sehr hoch. Die unzureichende Vergütung mit ECTS-Punkten wird immer wieder angemahnt, auch die monetäre Vergütung gerade von externen Lehrbeauftragten bedürfte bei gesteigertem Arbeitsaufwand sicher einer Anpassung. Gegebenenfalls müssen zusätzliche Personal- und Sachmittel für Durchführung und Abschluss des Projekts beantragt und bewilligt werden.

Risiken neben der zeitlichen Überlastung sind und bleiben zum einen der Projekt-Ergebnisdruck für alle Beteiligten, doch stellt dieser im Grunde immer einen Teil des Lehr- und Forschungsbetriebs dar, hier ist er immerhin ergebnisoffen(er) und überwiegend schöpferischer Natur. Zum anderen als schwierig erweist sich weiterhin die Vergleichbarkeit und Vereinbarkeit von Leistungen der Studierenden im Haupt- und Nebenfach bzw. Profilbereich. Doch auch diese geschilderten Herausforderungen sind sowieso Teil des universitären Ausbildungssystems.

Wie der Titel des Symposiums „Forschung und Lehre – Widerspruch oder Synergie?" bereits nahelegt, sind schließlich zwei sich gegenüberstehende Seiten festzustellen und miteinander in Einklang zu bringen, letztere (Schlag-) Seite – die Synergie – überwiegt eindeutig mit den anerkannten Stärken, Chancen und Potenzialen universitären Lernens und Lehrens, dem „Wesen" von Universität: Freiheit und Aufgeschlossenheit im intrinsischen Lehren und Lernen – in diesem Zuge übrigens auch die freiwillige und gezielte (Aus-)Wahl einer Lehrveranstaltung –; im Rahmen der wissenschaftlichen Annäherung und Auseinandersetzung die gezielte Kontextualisierung und der bewusst eigene Zugriff, das Entwickeln einer Haltung; die Förderung selbstständigen, eigen- und teamverantwortlichen Arbeitens; die Entwicklung von originären und kreativen Gedanken und Formen; der Austausch und Diskurs mit viel Bereitschaft und Zeit für persönlichen Einsatz. Dem gegenüber kontraproduktiv stehen in erster Linie institutionelle Strukturfehler, vor allem die „gefühlte" Zeitknappheit und die personelle Ressourcenknappheit sowohl auf studentischer Seite als auch auf Seite der Dozierenden, die ein Eintauchen in Projekte durchaus verhindern oder erschweren kann, weil der Effizienz-Zähler mitläuft und der selbst-auferlegte Kosten-Nutzen-Zeit-Plan im portionierten Modulstudiensystem unbedingt eingehalten sein will, um dieses ohne Reibungsverluste zu absolvieren und in zeit- und leistungsbezogener Hinsicht „ökonomisch" effektiv und optimal zu bestehen. Dieser Paradigmen-Wechsel ist gefährlich – übrigens genauso schon im modularisierten Bachelorstudium –, weil er sich gerade in den Geisteswissenschaften immer verzerrender auswirkt und wirklichkeitskonstituierend verstetigt. Die konsumentenfreundliche Bologna-Reform ist hierfür jedoch – wenn überhaupt – nur ein Symptom und nicht die Ursache: Letztlich müssen Lehrende wie Studierende an einer Universität über diese herausfordernde Gesamtentwicklung generell erhaben sein, was dennoch keinesfalls ausschließen muss, dass Missstände und offenbar zuwiderlaufende Entwicklungen dringendst aktiv angegangen werden sollten. Immerhin müssten Dozierende sich so weniger für ihre teils schon zum Sonderfall avancierte engagierte Lehre rechtfertigen – oder eine solche nicht länger als *Nice-to-Have*-Lehre verharmlost gespiegelt bekommen. Der forcierte eigene Einsatz in der Lehre fördert die wissenschaftliche Karriere bislang sicherlich nicht oder nur peripher, doch gibt es – ganz sicher – klares Feedback und auf Dauer Anerkennung, Lob und Dank für die unternommene Anstrengung vor allem von überzeugter Studierendenseite: Die gelungene, gezielte Vermittlung im persönlichen Umgang und Austausch kann so gerade im Verbund *mit* Forschungsprojekten oder Forschungsinteressen dazu beitragen, als zentraler Aspekt der eigenen universitären Selbstbestimmung zumindest institutionell gesichert und als Setzung modellhaft verankert zu bleiben. Die mittels Projektübungen katalysierende „Anstiftung zur Forschung" kann im Idealfall für alle Beteiligten neue Impulse im eigenen Lernen und Lehren setzen und verankern – und dies aufgrund allseits erfahrener eigener Überzeugung weitestgehend resistent-stabil gegenüber oder nur geringfügig beeinträchtigt von etwaigen Systemwidrigkeiten, die für Verunsicherung sorgen dahingehend, ob oder inwiefern künftige Wissenssuchende das *alte* Wesen und Selbstverständnis und die *neuen* An- und Herausforderungen universitären Lehrens und Lernens miteinander zu vereinbaren bereit sind.

5   Quellenverzeichnis

Prüfungs- und Studienordnung der Ludwig-Maximilians-Universität München für den Masterstudiengang Theaterwissenschaft (2012) vom 13. August 2014, Online-Version unter https://www.pags.pa.uni-muenchen.de/master/ma_theaterwissenschaft/psto_ma_theaterwissenschaft.htmlde/studium/studiengaenge/master-tw/studienor dnung/index.html. Letzter Zugriff: 3.10.2021.

Rasmus Cromme studierte Diplom-Dramaturgie, Englische Literaturwissenschaft und Betriebswirtschaftslehre an der LMU München und an der Bayerischen Theaterakademie August Everding. Am Staatstheater am Gärtnerplatz war er Mitarbeiter der Dramaturgie, Presse- und Öffentlichkeitsarbeit, an der Bayerischen Staatsoper im Kinder- und Jugendprogramm tätig. Nach der Promotion *Thaliens Vermächtnis* über die Geschichte und Profilierung des Gärtnerplatztheaters wurde Rasmus Cromme wissenschaftlicher Mitarbeiter am Institut für Theaterwissenschaft und PostDoc-Stipendiat im Forschungsprojekt *Wie man wird, was man ist – Die Bayerische Staatsoper vor und nach 1945*. An der LMU koordinierte er die Doktorandenplattform des Departments Kunstwissenschaften, die DFG-Forschungsgruppe „Krisengefüge der Künste – Transformationsdynamiken in den darstellenden Künsten der Gegenwart" und arbeitete für die Weiterbildung Theater- und Musikmanagement am Institut für Theaterwissenschaft. Hier lehrt er als wissenschaftlicher Mitarbeiter, koordiniert den BA-Studiengang und verantwortet die Lehr- und Studiendirektion.

Im Widerspruch zur Forschung: Lehre als Berufung begreifen durch agile Hochschuldidaktik und digitale Tools

Sabrina Sontheimer

Zusammenfassung

Der Beitrag geht von der These aus, dass Forschung und Lehre nur bedingt Synergien erzeugen können, wenn beides zusammen im Rahmen einer einzigen Stelle geleistet werden soll. Da die Forschung ein vollkommen anderes Stellenprofil als die Lehre aufweist, kann beides zusammen nur schwer in exzellenter Form umgesetzt werden. Dieser Beitrag beleuchtet das Feld der Exzellenz in der Lehre und die Möglichkeit, wie diese durch den Einsatz verschiedener Prinzipien der agilen Hochschuldidaktik unter Einbezug von digitalen Werkzeugen erreicht werden kann. Die Kombination einer agilen Hochschuldidaktik mit der Unterstützung digitaler Tools wird in diesem Beitrag skizziert.

Schlüsselwörter

Agilität • Agile Hochschuldidaktik • Digitale Lehre • E-Learning • Prozessorientierte Lehre • Studierendenzentrierte Lehre • Kompetenzorientierte Lehre • Lehrprofessur

S. Sontheimer (✉)
Schreibzentrum, Ludwig-Maximilians-Universität München, München, Deutschland
E-Mail: Sabrina.Sontheimer@lmu.de

J. Noller et al. (Hrsg.), *Lehre und Forschung*, Perspektiven der Hochschuldidaktik,
https://doi.org/10.1007/978-3-658-45556-9_9

1   „O Captain! My Captain!"

„O Captain! My Captain!"[1] Kaum eine Lehrperson, welche die Szene aus dem Film *Dead Poets Society* (*Der Club der toten Dichter*) nicht kennt (oder kennen sollte): Robin Williams als Lehrer Mr. Keating wird aufgrund seiner progressiven Lehrmethoden an einem amerikanischen Eliteinternat im Jahr 1959 gekündigt. Als er seinen Schreibtisch ausräumt und den Klassenraum verlässt, während seine Vertretung den nun wieder altbackenen und drögen Unterricht abhält, steigt ein Schüler nach dem anderen auf den Tisch mit den Worten „O Captain! My Captain!". Das Zitat von Walt Whitmans gleichnamigem Gedicht von 1865 soll tiefste Solidarität mit dem verehrten Lehrer ausdrücken, der den Jungen insbesondere eines vermittelte: Inspiration. Die Inspiration, selbstständig zu denken und zu lernen, ohne auf Konventionen und Regeln zu hören, die den Lehrplan an dem strengen Jungeninternat einengen. Diese Inspiration speist sich aus einer beeindruckenden Grundhaltung der Figur des Lehrers, der seine Arbeit offensichtlich nicht nur als Beruf, sondern als Berufung begreift.

Der Vorteil an deutschen Hochschulen und Universitäten heute ist, dass durch Artikel 5, Absatz 3 des Grundgesetzes zur Freiheit der Lehre eine Einengung der eigenen Lehrphilosophie grundsätzlich verhindert wird (vgl. Art. 5 Abs. 3 GG). Lehre als Berufung zu begreifen und Studierende dazu zu inspirieren, zu lernen und sich selbst fortzubilden, sollte daher ohne Probleme möglich sein. Doch gibt es andere Zwänge, die der Rolle des Lehrenden als Inspiration für die Studierenden im Wege stehen. Natürlich gibt es Vorgaben von Prüfungsordnungen, welche der Lehre ganz klare Rahmen vorgeben, aber ein wesentlicher Begrenzungsfaktor ist ein ganz anderer: der Faktor Zeit.

Fragt man Kolleginnen und Kollegen aus verschiedenen Fachbereichen, scheint ein weit verbreitetes Phänomen zu sein, dass die Zeit fehlt, ‚gute Lehre' zu machen. Einerseits ist die Präsenzzeit begrenzt und ein Großteil des Lernstoffes muss von den Studierenden im Selbststudium erarbeitet werden. Andererseits ist aber auch die Zeit für die Vorbereitung der Lehre stark eingeschränkt, wie eine immer noch beispielhafte Aussage aus einer Befragung von Lehrenden in einer Studie von 2011 von Cornelia Dinsleder aufzeigt:

> (I)ch möchte gerne qualitative Lehre machen, aber für mich ist auch wichtig, dass sie für mich in einem vertretbaren Zeitrahmen bleibt. (..) Also, ich glaub, ich könnte es sicher noch besser machen, wenn ich noch mehr Zeit für die Lehre verwenden würde. Aber nachdem das nicht die Kriterien sind, nach denen ich beurteilt werde, habe ich mich vor einigen Jahren sehr bewusst entschieden, dass ich da einfach Zeit

---

[1] Weir 1989, 01:28:51.

einspare (mhm). Das ist traurig, aber das ist so, ja (Interview: Universitätslehrerin für Volkswirtschaft, 2011, Z 435–440). (Dinsleder 2012, S. 113)

Die Hauptaufgabe des wissenschaftlichen Personals ist nun mal die Forschung und der altbekannte Spruch ‚publish or perish' ist heute in einer internationalisierten Forschungslandschaft mit großem Konkurrenzdruck aktueller denn je. Somit scheint sich keine Synergie zwischen Lehre und Forschung, sondern eher ein Widerspruch zu ergeben. Betrachtet man zudem die Rolle von Lehrenden im heutigen Hochschulkontext, lässt sich schnell erkennen, dass die zur Verfügung stehende Zeit schwer mit den vielfältigen Aufgaben zu vereinbaren ist: Neben der Forschung (am besten auch im Ausland) und der Arbeit an der Publikationsliste zählen auch die Teilnahme an und Organisation von Konferenzen (wenn möglich international), die Arbeit in Drittmittelprojekten sowie die akademische Selbstverwaltung zum Aufgabenportfolio. Wenn man dann noch Zeit für Familie, Freunde und Freizeit einplanen möchte, wird schnell erkennbar, dass die Zeit für die Lehre zum eng bemessenen Gut wird. Im Prinzip wird von den Forschenden/ Lehrenden erwartet, die vielzitierte ‚eierlegende Wollmilchsau' zu sein, die alles kann und alles macht.

Sogar der deutsche Hochschulverband hat in seiner Resolution des 69. DHV-Tages 2019 das Problem erkannt, kommt aber – aus Sicht der Lehre - zu einem wenig befriedigenden Schluss:

Der DHV hält die Lehrverpflichtung an Universitäten und den damit verbundenen Aufwand für die Lehre im Verhältnis zu anderen Dienstaufgaben, insbesondere im Verhältnis zu der für die Forschung zur Verfügung stehenden Zeit, für insgesamt zu hoch. Das schadet dem Forschungsstandort Deutschland. Das schadet aber auch der Qualität der Lehre. (Deutscher Hochschulverband 2019, S. 1)

Die vom DHV geforderte Senkung und ‚Flexibilisierung' des Lehrdeputats und der Ausbau von Professorenstellen (vgl. ebd. S. 3) sind zwar wünschenswert, doch werden diese Maßnahmen das Grundproblem nicht lösen.

Was ist also nötig, um der Hochschullehre die Zeit beizumessen, die sie neben der Forschung verdient und benötigt? Ein grundlegender Kulturwandel. Die Lehre muss im Hochschulkontext mehr Wertschätzung und Bedeutung erhalten.

Der erste Schritt wäre anzuerkennen, dass Lehre und Forschung eben keine Synergie erzeugen, sondern im Widerspruch zueinander stehen, wenn man im Rahmen einer einzigen Stelle beides gleichermaßen hochwertig bewerkstelligen soll. Der Grund dafür ist die Verschiedenartigkeit der Rollen von Forschenden und Lehrenden. Forschung lebt davon, dass sich der oder die Forschende dem Forschungsgegenstand voll verschreibt und sich darin vertieft. Forschung ist schwierig, dauert lange, ist inhaltsorientiert und erfolgt oft zum großen Teil als einsamer Prozess im Labor, im Feld oder am Schreibtisch. Um in der Forschung erstklassig zu sein, ist man im operativen Geschäft tätig – man muss, wenn man es mit einem Unternehmen vergleicht, die beste Arbeitskraft sein, um Spitzenforschung zu betreiben. Im Gegensatz dazu ist die Aufgabe in der Lehre nicht, die Themen bis ins letzte Detail beforscht und zur Meisterschaft durchdrungen zu haben. Die Kompetenzen der erstklassigen Lehrperson liegen auf der Metaebene der Vermittlung: die Studierenden brauchen weniger die inhaltliche Tiefe, sondern vielmehr Überblick, Inspiration und Führung. Die Lehrperson ist unternehmerisch gesprochen primär eine Führungskraft, die das operative Geschäft der Forschung zwar gut kennt, jedoch nicht die beste Arbeitskraft sein muss und sogar gar nicht sein kann, da ihre Zeit primär durch Führungsaufgaben in der Interaktion mit den Studierenden gebunden ist. Diese Arbeit ist nicht minder schwierig, aber eben grundlegend anders als die Forschungsarbeit. Es bestehen also zwei vollkommen unterschiedliche Anforderungsprofile an Forschende und Lehrende.

Die Lösung des Problems wäre daher aus dieser Perspektive nicht, das Lehrdeputat zu verringern (oder zu flexibilisieren), sodass Professoren und Professorinnen mehr Zeit zur Forschung haben, sondern tatsächlich eine stärkere Trennung von Forschung und Lehre vorzunehmen. Auf der Systemebene würde beispielsweise die Etablierung von Lehrprofessuren gegenüber Forschungsprofessuren eine passgenauere Aufgabenverteilung erzielen. Auf diese Weise könnten sich Wissenschaftler und Wissenschaftlerinnen gemäß Ihren Interessen, Talenten und ihrer Berufung auf das ein oder andere Feld spezialisieren. So könnten sich Forschungsprofessoren und -professorinnen verstärkt (aber nicht unbedingt ausschließlich) auf ihre Forschung konzentrieren, um der oder die Beste auf ihrem Fachgebiet zu werden. Lehrprofessoren und -professorinnen könnten sich auf ihre Lehr- bzw. Führungsrolle von Studierenden fokussieren, nur in geringerem Maße an Forschungsprozessen teilnehmen und so die Lehre als ihre Berufung begreifen und zur Meisterschaft bringen. Neben dieser Maßnahme sollte der Systemwandel auch durch weitere Maßnahmen unterstützt werden: die Anpassung des Wissenschaftszeitvertragsgesetzes zur Förderung der Lehrenden im Mittelbau, finanzielle Anreize für die Durchführung guter Lehre und vor allem die Professionalisierung der Lehrenden durch verpflichtende Fortbildungen[2] wären einige Beispiele für lösungsorientierte Veränderungen.

---

[2] Ein derartiges System der verpflichtenden Qualifizierung von Lehrenden besteht bereits in den Niederlanden (vgl. Mordhorst 2018).

Neben diesem Wandel auf der Makroebene muss sich jedoch auch ein Kulturwandel auf der Mikroebene – also in der Haltung der Dozierenden selbst – vollziehen, indem die Lehre tatsächlich als Berufung begriffen wird und nicht nur als ein ‚Nebenprodukt‘ der eigentlichen Berufung zur Forschung. Aber wie kann die Lehre, ähnlich wie in dem eingangs aufgeführten Filmbeispiel des Lehrers Mr. Keating, zur Berufung werden? Indem genau das in den Fokus gerückt wird, was Mr. Keating ins Zentrum seines Handelns stellt – die Lernenden. Lernende zu inspirieren und zum selbstständigen Denken und Handeln anzuregen, kann dabei ein zentraler Baustein sein. Um dies zu erreichen, ist es notwendig, sehr nah an die Lernenden heranzukommen, sie zu verstehen und auf ihre ständig wechselnden Lernbedarfe einzugehen. Dies erfordert eine hohe Flexibilität und Agilität der Lehrenden. Der Einsatz digitaler Tools kann diese Form der Agilität unterstützen. Im Folgenden wird eine derartige Herangehensweise an die Lehre skizziert.

2 Lehre als Berufung begreifen durch agile Hochschuldidaktik und digitale Tools

Um Hochschullehre agil zu gestalten, ist ein Perspektivwechsel von einer produktorientierten zu einer prozessorientierten Lehre notwendig. Unter produktorientierter Lehre lässt sich verstehen, dass weniger auf die Prozesshaftigkeit von Lernen Wert gelegt wird als auf das Endprodukt, das eine Studien- oder Prüfungsordnung vorschreibt (ein Referat, eine Hausarbeit oder eine Klausur etc.). Anstatt ein Lernergebnis (oder Lernziel) lediglich vorzugeben,[3] fokussiert eine prozessorientierte Lehre im Sinne dieses Aufsatzes den Weg, wie man dieses Lernergebnis erreicht. Die Entwicklung von aktuell notwendigen Kompetenzen (Stichwort: kompetenzorientierte Lehre)[4] und die Angleichung von Lehrmethoden an die erwünschten Lernergebnisse und Prüfungsformate, wie im Ansatz des *Constructive Alignment* gefordert wird (vgl. Biggs 1996), werden in dieser Form von den Lehrenden in den Mittelpunkt der Aufmerksamkeit gestellt. Aktuelle Ereignisse, die Beziehungsarbeit zwischen allen Beteiligten und die Inspiration von Studierenden zum selbstständigen Lernen stehen hier im Zentrum des Geschehens. Am wichtigsten jedoch ist, Lehre als sich ständig wandelndes

---

[3] Zur Diskussion der Begriffe Lernergebnis und Lernziel vgl. Gundermann 2016.

[4] Einen guten Überblick zum Thema Kompetenzorientierung in der Hochschullehre liefern Brendel et al. (2019).

‚transitorisches' Ereignis zu begreifen, worauf man sich als Lehrperson ständig neu einstellen muss.

Ein Beispiel für eher produktorientierte Lehrdesigns findet sich in vielen geisteswissenschaftlichen Seminaren, wie an der Beschreibung von klassischen literaturwissenschaftlichen Seminaren in einer Studie von Birgit Schädlich abzulesen ist:

> Ein im Vorfeld vom Lehrenden erstellter Semesterplan sieht für jede Sitzung ein Thema vor, das in Referaten präsentiert und im Anschluss daran im Plenum diskutiert wird. In den meisten Fällen arbeiten die Studierenden das Thema des Referats zu einer Hausarbeit aus, die dann Grundlage des Leistungsnachweises ist. (Schädlich 2009, S. 224)

Die Problematiken, die sich bei einem derartigen, immer noch typischen Seminaraufbau einstellen, sind vielfältig, wie zum Beispiel, dass ausschließlich die Lehrperson über mögliche inhaltliche Schwerpunkte entscheidet, ohne zu wissen, wo die Interessen der Studierenden liegen oder wie ihre Vorkenntnisse sind. Ein vorab erstellter Semesterplan lädt nicht dazu ein, auf aktuelle Debatten einzugehen oder interessante Aspekte näher zu beleuchten, wenn sie während der Seminardiskussion auftreten. Weiterhin werden Kurssitzungen meist nur zur inhaltlichen Auseinandersetzung mit den Referatsthemen genutzt, ohne die Methodenkompetenz der Studierenden systematisch zu erweitern: die Fähigkeit, Inhalte zu erarbeiten, für Präsentationen aufzubereiten, einen wissenschaftlichen Vortrag zu planen und durchzuführen sowie in Fachdiskussionen souverän aufzutreten, müssen sich die Studierenden mehr oder weniger selbst aneignen. Auch die Ausarbeitung des Referatsthemas zu einer Hausarbeit wird selten im Kurs gelehrt oder kontinuierlich angeleitet und begleitet, sondern ebenfalls in mühevoller Einzelarbeit allein entwickelt.[5]

Eine prozessorientierte Hochschuldidaktik ändert die Grundhaltung der Lehrenden und die Struktur des Lehrgeschehens hingegen komplett:

> Man könnte das Geschehen auch Co-Didaktik oder Mit-Didaktik nennen, weil diese Didaktik überhaupt erst im Miteinander mit den Lernenden entsteht; oder Kontaktdidaktik bzw. Begegnungsdidaktik, weil die echte Interaktion, der tatsächliche Kontakt angestrebt wird und elementar ist für diese Art und Weise, zu lehren; oder auch Dialogdidaktik; oder gar Didaktik als 'Inter-Akt'. Man könnte diese Herangehensweise

---

[5] Weitere Nachteile und kompetenzorientierte Alternativen zum klassischen Referateseminar wurden von der Autorin bereits in einem früheren Band dieser Reihe ausgeführt: vgl. Sontheimer (2019).

auch als Jetzt-Didaktik bezeichnen, weil didaktische Entscheidungen im Moment getroffen werden [...], nicht (ausschließlich) im Voraus. (Arn 2017, S. 19)

Christof Arn nennt diese Art der Didaktik ‚agile Hochschuldidaktik‘. Der Begriff bezieht sich auf das Konzept der agilen Softwareentwicklung, das aus der Wirtschaft bekannt ist (vgl. Arn 2017, S. 21). Ursprünglich wurde der Begriff der Agilität im Umfeld der Softwareentwicklung eingeführt, da in diesem Tätigkeitsfeld traditionelle Projektmanagementstrategien nicht mehr greifen: zu unübersichtliche und schwierige Prozesse, die nicht im Vorhinein komplett planbar sind, können nicht mehr sinnvoll umgesetzt werden. Die Grundlagen dieser Vorgehensweise haben Kent Beck et al. (2001) im *Manifest für Agile Softwareentwicklung* beschrieben.[6] Die darin aufgeführten Prinzipien sind auf die Lehrsituation übertragbar, da auch diese ein schwieriger Prozess ist, der – soll er motivierend und produktiv für alle Beteiligten sein – nicht komplett im Vorhinein planbar ist. Die Idee, die Lehre agil zu gestalten, wurde bereits von Willy Wijnands entwickelt, indem er die SCRUM-Methode auf ursprünglich schulische Lehrkontexte übertragen hat. Unter dem Begriff eduScrum bekannt, wird das Konzept verstanden als "a co-creative process in which students are no longer held responsible, but feel responsible for their own work and learning process." (the eduScrum team 2020, S. 4)[7] Detlef Stern hat in seinem Buch *Agiles Studieren: Eine Einführung für Dozenten* von 2019 unter Einbezug von eduScrum und anderen Theorien einen nützlichen Leitfaden mit praktischen Tipps für eine agile Hochschullehre vorgelegt.[8] Die folgenden Ausführungen beziehen Teile dieser Konzepte mit ein, grenzen sich aber davon ab, indem einerseits nicht die Lehrperson allein für die Festlegung der Lehrinhalte verantwortlich ist und andererseits der Lernprozess nicht ausschließlich in studentischen Teams erfolgt. Die Überlegungen zu der didaktischen Umsetzung der agilen Methodik weisen auch Parallelen zu Ideen des bereits erwähnten Konzepts der agilen Hochschuldidaktik von Christoph Arn auf.

---

[6] Das Manifest ist online unter https://agilemanifesto.org/iso/en/manifesto.html (letzter Zugriff: 25.01.2024) zu finden.

[7] Siehe auch die Homepage https://eduscrum.org/. (letzter Zugriff: 25.01.2024) Siehe dazu auch andere Konzepte wie http://agile-education.de/ (letzter Zugriff: 25.01.2024) oder https://www.agileclassrooms.com/ (letzter Zugriff: 25.01.2024). Unterstützung bei der Einführung von Scrum in der (Hoch-)Schule bietet u. a. die Unternehmensberatung borisgloger consulting unter dem Begriff Scrum4Schools: vgl. https://www.borisgloger.com/ueber-uns/csr/scrum-4-schools (letzter Zugriff: 25.01.2024).

[8] Vgl. auch dazu Sterns Homepage https://agiles-studieren.de/ (letzter Zugriff: 25.01.2024). Weitere interessante Artikel zum Thema Agilität in der (Hochschul-)Lehre finden sich u. a. in Kantereit et al. 2021 oder Sturm und Rundnagel 2021.

Im Folgenden werden vier grundlegende Bausteine einer agilen Hochschuldidaktik dargestellt, die aus dem agilen Projektmanagement abgeleitet wurden[9]:

1. Eine agile Grundhaltung
2. Die erste Sitzung – *Use Cases*
3. Iterationen
4. Selbstorganisierte Teams

Jeder Baustein liefert praktische Anhaltspunkte zur Umsetzung unter der besonderen Berücksichtigung des Einsatzes digitaler Tools.

2.1 Eine agile Grundhaltung

Zentral in der Umsetzung agiler Projekte ist die Haltung gegenüber der am Projekt beteiligten Partner und Partnerinnen: „Menschen und deren Zusammenarbeit sind wichtiger als Prozesse und Werkzeuge." (Preußig 2015, S. 173).

Im Falle der agilen Hochschuldidaktik wären die beteiligten Partner die Studierenden und die Lehrperson, ggf. noch ein Tutor bzw. eine Tutorin. Der beschriebene agile Wert berücksichtigt die Erkenntnis, dass für das Gelingen eines agilen Prozesses – in diesem Fall der Hochschullehre – „motivierte Individuen" (Kent Beck et al. 2001)[10] notwendig sind. Um das zu erreichen, ist eine Reflexion der eigenen Rolle und Haltung der Lehrenden erforderlich: nur wenn die Lehrperson die Studierenden als kompetente ‚Verbündete' wahrnimmt, kann der Lehr-Lern-Prozess motiviert und zielorientiert ablaufen. Dazu muss die Lehrperson die Studierenden in ihrer Lebenswelt ernst nehmen, mit Empathie versuchen, sich in ihre Bedürfnisse und ihren Kenntnisstand hineinzudenken, und *kontinuierlich* auf ihre – sich verändernden – Lernbedarfe eingehen. Dies beinhaltet auch ein Grundinteresse an der Generation Z, mit der es Lehrende im Moment zu tun haben. Weiß man als Lehrperson, wie diese Generation ‚tickt', was sie interessiert und womit sie ihre Zeit verbringt, ist man in der Lage, die Lehre daran anzuknüpfen. Dieses Wissen muss jedoch im „'Inter-Akt'" (Arn 2017, S. 19) des agilen Lehrens im ständigen Kontakt und Austausch mit den Studierenden aktualisiert werden. Dies ist durch kontinuierliche Feedback-Schleifen

---

[9] Diese Bausteine bilden dabei lediglich einen ersten Ansatz, Hochschullehre agil zu gestalten; weitere konzeptionelle Ideen finden sich in Arn 2017.

[10] https://agilemanifesto.org/iso/de/principles.html (24.09.2021).

möglich, wodurch eruiert werden kann, welche Inhalte und Methoden das Lerngeschehen in diesem Moment erfordert. One-Minute-Papers, Kartenabfragen oder einfache Zwischenevaluationen (auch über Audience Response Systeme) bieten sich hier an. Im virtuellen Seminarraum oder einem Lernmanagementsystem kann Feedback einfach – offen oder anonym – über digitale Umfragen eingeholt werden.

Um der genannten Haltung zu entsprechen, sollte unter den Studierenden eine echte Zusammenarbeit ermöglicht werden – dazu muss eine Teamkultur etabliert und über den Kursverlauf aufrechterhalten werden. Da man üblicherweise über ca. 14 bis 15 Wochen zusammenarbeitet, lohnt sich die Investition in das Kennenlernen der einzelnen Studierenden und in das Etablieren einer Teamkultur, in der sich die Studierenden gegenseitig unterstützen und sozialen Austausch pflegen. Das menschliche Miteinander und die soziale Interaktion müssen also bei der agilen Hochschuldidaktik den Fokus bilden – die Lehrinhalte, Methoden und Medien werden im Gegensatz dazu zum Mittel, um ein Lernen in Gemeinschaft zu ermöglichen, anstatt das Zentrum der Aufmerksamkeit zu bilden. Philippe Wampfler postuliert in seinem Blogartikel dementsprechend, dass es

> im agilen Denken über Lehren und Lernen die Trennung zwischen Stoff und Methode nicht mehr [gebe], der Stoff [...] nicht wichtiger als die Form des Lernprozesses [sei], sondern [...] erst über die Gestaltung des Lernens erschlossen werden [könne]. (Wampfler 2019)

Durch den asynchronen Einsatz einer Lernplattform und ggf. eines virtuellen Seminarraums kann die Teamkultur und -zusammenarbeit auch in der Nicht-Präsenzzeit gewährleistet werden.

2.2   Die erste Sitzung – *Use Cases*

‚Wofür kann ich das später mal brauchen?' Viele Lehrende haben diese oder ähnliche Fragen ihrer Studierenden schon des Öfteren beantworten müssen. Aufgrund der Abstraktheit des Stoffes – gerade in den Geisteswissenschaften – besteht oft eine Diskrepanz zwischen dem, was Studierende meinen, in ihrem gewählten Fach lernen zu müssen und dem, was ihren Dozierenden vorschwebt. Das Problem ist oftmals, dass die Ziele, wofür das zu Lernende eingesetzt werden kann, zu selten thematisiert und an die Lebenswelt der Studierenden oder ihre zukünftige Arbeitswelt angepasst werden. Um Transparenz darüber zu schaffen, ist die erste Kursstunde essenziell: sie kann darüber entscheiden, ob ein Kurs top oder ein Flopp wird.

Im agilen Projektmanagement ist es zuerst wichtig zu verstehen, was der Kunde bzw. die Kundin benötigt: „Das Produkt wird aus Sicht des Kunden beschrieben und aus der Perspektive: Was kann der Kunde alles mit dem fertigen Produkt machen?" (Preußig 2015, S. 25) Übertragen auf die Lehre bedeutet das, die ersten Kurssitzung dazu zu nutzen, der Kundschaft – also den Studierenden – zuzuhören, um ihre *Use Cases* zu erfahren.[11] Es wird nicht erklärt, was sich die Lehrperson vorstellt, sondern die Erwartungen, Anwendungsideen und praxisorientierten Wünsche der Kursteilnehmenden werden als *Use Cases* für die zu entwickelnden Kursinhalte erstellt; wichtig ist hierbei die Betonung dessen, was die Studierenden mit dem erlernten Wissen einmal – ganz im Sinne der kompetenzorientierten Hochschullehre – *tun* können.[12]

In der ersten Stunde sollten deshalb erste Erwartungen und Wünsche der Studierenden an den Kurs eruiert und festgehalten werden, um auf deren Basis das noch nicht fertige Kursprogramm zu erstellen. Neben den Erwartungen müssen auch die Anforderungen geklärt werden; und damit ist nicht (nur) gemeint, welche Anforderungen an die Studierenden gestellt werden, den Kurs zu bestehen, sondern vor allem, welche Anforderungen der Kurs erfüllen muss, um den Lernprozess der Studierenden optimal zu initiieren, zu fördern und zu begleiten. Dazu müssen die Vorkenntnisse und das bestehende Wissen eingeholt werden, um die Kursinhalte sinnvoll auf das jeweilige Niveau abzustimmen. In individuellen *Use Cases* können die Studierenden einerseits aus ihrem Erfahrungsschatz der Vergangenheit schöpfen und einbringen, welche Inhalte sie interessieren und welche Methoden und Kompetenzen ihnen noch fehlen; andererseits können sie mögliche Anwendungsfälle für ihre berufliche Zukunft oder eine generelle Relevanz für ihr zukünftiges Leben antizipieren. Da oftmals ein breites Spektrum an Lebenswelten in den Kursen vereint ist, nicht nur bezüglich der Interessen und Niveaus aber auch bezüglich der Studienprogramme (z. B. Bachelor, Master, Lehramt Gymnasium/Mittelschule/Grundschule oder Ähnliches), ist die Methode des Storytellings eine gute Möglichkeit zu erfahren, was die Studierenden tatsächlich lernen wollen und müssen.

---

[11] Es ist zu beachten, dass in der Interpretation der Lehrsituation als agiles Projekt die Studierenden zwei Rollen gleichzeitig übernehmen – sowohl die der Kundschaft als auch die der Projektteammitglieder, was aber für die Bedeutung des Eruierens der *Use Cases* keinen Unterschied macht.

[12] Vgl. hierzu die Lernzieltaxonomie nach Bloom 1956 und in dessen Weiterentwicklung nach Anderson und Krathwohl 2001. Ein guter Überblick zu dieser Entwicklung findet sich in Krathwohl (2002).

Storytelling kann so in der ersten Sitzung verschiedene Zwecke erfüllen: grundsätzlich gilt, dass Geschichten sich gut „zur Darstellung un- und unterbewusster Vorgänge" (Gálvez 2012, S. 10) eignen und daher viel über die Persönlichkeit der erzählenden Studierenden sowie deren Lernbedarfe preisgeben. Um die Studierenden ihre Stories entwickeln zu lassen, bietet sich an, die Aufgabe als Schreibaufgabe zu stellen, wie zum Beispiel in Form einer Reizwortgeschichte („Verfassen Sie einen Erfahrungsbericht, der die folgenden drei Begriffe enthält: ..."), durch einen Denkanstoß mit einer hypothetischen Frage („Stellen Sie sich Ihre zukünftige Arbeit als xy vor und beschreiben Sie Ihren Alltag.") oder einfach als Fokuswriting („Verfassen Sie innerhalb von 5 min eine Geschichte zu einem persönlichen Erlebnis in Zusammenhang mit diesem Thema. Achten Sie nicht auf grammatikalische oder orthographische Fehler, sondern schreiben Sie schnell und ohne Pausen.").[13] Im Anschluss können die Stories mit allen Studierenden geteilt werden, um in einen Austausch über die möglichen Kursinhalte zu kommen.

Digital kann dieses Einholen der *Use Cases* unterstützt werden, indem die Stories im Lernmanagementsystem für alle lesbar hinterlegt werden. Alle Studierenden können ihre Story entweder im Live-Chat oder als Forumsbeitrag verfassen, sodass sie für alle zugänglich sind. Während der Präsenzphase kann so auch direkt auf die Geschichten eingegangen werden.

Diese ‚Sitzung des Zuhörens‘ dient weiterhin dazu, die Grundlage für eine Lern- und Teamkultur zu entwickeln, indem sich alle über ihre *Use Cases* vertraut werden und darüber austauschen, was sie an dem zu bearbeitenden Thema interessiert und was sie noch an Fähigkeiten benötigen. Wichtige Aspekte zu den Fragen, was (und ggf. wie) gelernt werden soll, sollten an dieser Stelle dokumentiert werden. In der agilen Terminologie würde dementsprechend ein „Product Backlog" erstellt werden, das „die Beschreibungen der verschiedenen Anforderungen an das Produkt [enthält]." (Preußig 2015, S. 137) Wichtig dabei ist, dass es sich um eine vorläufige Beschreibung dessen handelt, worauf im Kurs eingegangen werden soll, da das Product Backlog „nie als vollständig angesehen [wird], da diese [die Anforderungen, Anm. d. Verf.] sich im Laufe des Projektes ändern dürfen, um mit den sich ändernden Kundenwünschen Schritt zu halten." (Preußig 2015, S. 137 f.) Das Product Backlog sollte über den Kursverlauf ständig auf den neuesten Stand gebracht werden; dazu kann die Rolle des Product Owners, der das Product Backlog pflegt (vgl. Preußig 2015, S. 139), einer Studentin oder einem Studenten übertragen werden. Das Product Backlog kann online

---

[13] Zur Schreibmethode des Fokuswriting vgl. Multiplikatoren-Projekt (2018, S. 31 f.) (basierend auf der Methode nach Ulrike Scheuermann des Fokussprints (2011, S. 82 f.)).

für alle Kursteilnehmenden einsehbar hinterlegt werden, wie beispielsweise in
Form eines Etherpads oder als Microsoft OneNote Notizbuch. Entsprechende
Vorlagen handelsüblicher Product Backlogs können auch online heruntergeladen
werden.

2.3   Iterationen

Basierend auf dem Product Backlog, das im Falle der Lehre die vorläufig zu bearbeitenden Themeninteressen und Kompetenzdefizite der Studierenden umfasst,
kann im folgenden Kursverlauf in kurzen Planungszeiträumen die Erarbeitung
der Inhalte erfolgen. Im agilen Projektmanagement spricht man von ‚Iterationen‘
bzw. ‚Sprints‘,[14] in denen eine *gemeinsame* Produktentwicklung durchgeführt
wird. Auf diese Weise werden die Kunden und Kundinnen intensiv in den Prozess eingebunden und bekommen bereits „frühzeitig und regelmäßig Teilprodukte
zu sehen, die [sie] mit [ihren] Erwartungen abgleichen [können]" (vgl. Preußig
2015, S. 49). Um dies zu gewährleisten, wird eben nicht zu Beginn des Projekts ein fertiger Plan entworfen, der linear abgearbeitet wird, sondern es werden
in kurzen Planungszeiträumen iterative Produktentwicklungsrunden durchgeführt,
die immer wieder reflektiert und überprüft werden – es wird also ein zyklisches
Vorgehen favorisiert. Somit wird dem Projekt ein Maximum an Flexibilität und
Agilität verliehen, gemäß dem Grundsatz: „Die Reaktion auf Veränderung ist
wichtiger als das Befolgen eines Plans." (Preußig 2015, S. 173).
    Das iterative Vorgehen dient dazu, dass die Kunden und Kundinnen ein pass-
genaues Produkt bekommen. Im Kontext der Hochschullehre soll daher der Kurs
permanent an die Anforderungen und Lernbedarfe der Studierenden angepasst
werden, sodass nicht am Ende festgestellt wird, dass der Kurs den Teilnehmenden
nichts oder zu wenig gebracht hat. Im Gegensatz zu einem klassischen Referateseminar, in dem jeder Referent oder jede Referentin bzw. jede Referatsgruppe
einmal im Semester ein ‚Produkt‘ abliefert, kann durch ein iteratives Vorgehen
die Kompetenzentwicklung der Studierenden kontinuierlich erfolgen und begleitet
werden.[15] Auf diese Weise verschiebt sich der Fokus von einer ‚bloßen‘ Präsentation der zu lernenden Inhalte durch einzelne Referierende auf eine wiederholte,
aktive Auseinandersetzung mit dem Stoff aller Teilnehmenden.

---

[14] Der Begriff des ‚Sprints‘ wird im Kontext der agilen Methode des SCRUM verwendet, die
„ein Rahmenwerk für das agile Prozessmanagement" (Preußig 2015, S. 134) vorgibt.
[15] Hier können sämtliche wissenschaftliche Kompetenzen, wie Recherche-, Lern-, Lese-,
Schreib-, Präsentations-, Kommunikationsmethoden oder forschende Labortätigkeiten etc.,
im Zentrum stehen.

Ein Beispiel für solche Iterationen wäre die Arbeit an lyrischen Texten in literaturwissenschaftlichen Seminaren. Bei einem iterativen Vorgehen könnte jede Woche ein Gedicht analysiert werden. Die erste Iteration zu Beginn des Kurses würde – im Anschluss an die im Product Backlog festgehaltenen Lernbedarfe – sehr detailliert verlaufen und in gemeinsamer Arbeit durchgeführt werden. Nach dieser ersten Iteration sollte in einem „Review" (Preußig 2015, S. 64) reflektiert werden, welche Analysetätigkeiten noch Schwierigkeiten bereiten: wenn die Studierenden sich z. B. schwergetan haben, Metrum und Rhythmus des Gedichts zu bestimmen, kann in der folgenden Iteration ein zusätzlicher Input zu diesem Thema gegeben und diese Tätigkeit verstärkt geübt werden. Erfahrungsgemäß wird der Zeitaufwand für die folgenden Iterationen kürzer und die Studierenden verbessern mit jeder Iteration ihre analytischen Fähigkeiten, sodass sie zunehmend autark agieren können (vgl. hierzu den nächsten Punkt 2.4 Selbstorganisierte Teams). Es empfiehlt sich, die Komplexität der Aufgabenstellung der Iterationen über den Kursverlauf langsam zu steigern – wie gesagt, immer mit Blick auf die im Product Backlog hinterlegten Vorgaben. Um das Product Backlog aktuell zu halten, ist es dabei neben den Reviews zur Aktualisierung der Lern*inhalte* auch wichtig, immer wieder „Retrospektiven" (Preußig 2015, S. 67) einzubauen, in denen der Lern*prozess* reflektiert wird. Im agilen Projektmanagement geht es dabei darum, dass sich Teams

> regelmäßig mit der Fragestellung auseinandersetzen, wie der Einzelne im Projekt arbeitet und mit den anderen kooperiert, und in welchen Bereichen die Effektivität noch gesteigert werden kann. Ziel ist es, daraus ganz konkrete Verbesserungen für die Zusammenarbeit und den Prozess abzuleiten. (ebd.)

Es geht also darum, die Art des Lernens in dem jeweiligen Kurs bezüglich ihrer Effektivität zu hinterfragen. An dieser Stelle ist es wichtig, eine positive „Änderungskultur" zu entwickeln, und sich an der aktuellen Lernsituation der Studierenden zu orientieren. Da die Studierenden die Thematik und Methodiken mit der Zeit besser beherrschen, können sich auch ihre Anforderungen inhaltlich aber eben auch auf der Lernprozessebene im Kursverlauf ändern. Die Lehrenden nehmen dabei die Rolle eines kompetenten Beraters ein, damit „das Machbare" (Preußig 2015, S. 61) umgesetzt werden kann sowie ein gewisser roter Faden des Kursverlaufs deutlich bleibt.

Diese regelmäßigen Feedback-Schleifen anstatt einer singulären Evaluation am Ende des Kurses fördern als „formative Lernstandserfassung" (Spiekermann et al. o. J., S. 2) sowohl den Lernprozess als auch die Zufriedenheit der Teilnehmenden, da diese ihren eigenen Lernfortschritt während des Kurses besser wahrnehmen können. Gerade bei der Ausarbeitung von Seminararbeiten kann eine kontinuierliche Arbeit am eigenen Schreibthema im und während des Kurses einen Motivations- und Kompetenzschub bedeuten.[16]

Online können kurze Planungszeiträume besonders gut unterstützt werden, indem beispielsweise feste Einreichfristen vor der jeweiligen Kurssitzung vereinbart werden, bis zu denen die Studierenden ihre bearbeiteten Aufgaben zum Lehrenden- oder Peer-to-peer-Feedback digital abgeben sollen. Auf diese Weise können zum Beispiel die Studierenden die Gedichtanalysen ihrer Kommiliton*innen bereits vor der jeweiligen Kursstunde lesen und bereits vorab Feedback geben bzw. erhalten oder durch den Vergleich mit anderen Einreichungen eigene Entwürfe überarbeiten. Rein technisch kann dies beispielsweise über Foren oder Gruppenbereiche im Lernmanagementsystem erfolgen. Durch diese intensive Vorarbeit zu jeder Kursstunde kann die Seminardiskussion bereits auf einem höheren Niveau gestartet werden. Für ein solches Arbeiten ist jedoch das Etablieren einer positiven Feedbackkultur notwendig, sodass sich die Studierenden trauen, ihre vielleicht auch teils unperfekten Aufgabenlösungen voreinander preiszugeben.

2.4   Selbstorganisierte Teams

Ein weiterer zentraler Grundsatz der agilen Vorgehensweise lautet: „Die besten Architekturen, Anforderungen und Entwürfe entstehen durch selbstorganisierte Teams." (Preußig 2015, S. 70) Übertragen auf die Lehre verschiebt sich dadurch der Fokus von einer lehrendenzentrierten zu einer lernendenzentrierten Lehre[17] und weg von der Plenardiskussion hin zur Arbeit in kleineren Projektteams, die „sich selbst [organisieren]. Sie arbeiten dadurch effektiv und übernehmen hohe Verantwortung für das Produkt." (Preußig 2015, S. 47) Der Lehrende wird dabei zum Projektleiter, der lediglich eine Steuerungsfunktion übernimmt (vgl. Preußig 2015, S. 79). Er „[e]rrichte[t] Projekte rund um motivierte Individuen. [Er gibt] ihnen das Umfeld und die Unterstützung, die sie benötigen und vertrau[t] darauf, dass sie die Aufgabe erledigen." (Beck et al. 2001).

Ziel in der Lehre ist dabei, das eigenverantwortliche und zugleich gemeinschaftliche Handeln der Studierenden in den Vordergrund zu stellen, wodurch sie viel Spielraum und Entscheidungsfreiheit darüber erhalten, was sie gemeinsam

---

[16] Zur kontinuierlichen Förderung und Begleitung von Schreibprozessen vgl. Sontheimer 2021.

[17] Zu den Begriffen vgl. Antosch-Bardohn et al. (2019, S. 21).

tun wollen und schaffen können – dies fördert die Lernmotivation der Studieren-den,[18] erfordert aber auch ein Vertrauen in die Studierenden, das nur aus einer soliden Teamkultur erwachsen kann. Auch um unabhängig agierende Projekt-teams entstehen zu lassen, ist die Entwicklung dieser Teamkultur von Anfang an unabdingbar. Egal, ob man über den Kursverlauf immer neue Teams zusammen-setzt oder ob die Teams erhalten bleiben – es ist darauf zu achten, die allgemeine und individuelle Teamkultur zu pflegen sowie die Selbstorganisation der Teams zu unterstützen. Diese Unterstützung umfasst verschiedene Bereiche und Techniken:

Damit Lernende selbstgesteuert arbeiten können, ist die Reduktion auf das Wesentliche erforderlich. Anstatt ausführliches Detailwissen in der Bearbeitung der Themen zu verlangen und ‚zu große' Themenkomplexe vorzugeben, soll-ten die Teamarbeiten klein und übersichtlich gehalten sein, sodass sie innerhalb von ca. ein bis drei Wochen bearbeitbar sind (vgl. Stern 2019, S. 42) und nicht die Workload sprengen. Es zählt der folgende agile Grundsatz: „Ein-fachheit – die Kunst, die Menge nicht getaner Arbeit zu maximieren – ist essenziell." (Beck et al. 2001) Das soll nicht bedeuten, dass die Studierenden weniger lernen als erforderlich, aber es gilt zu entscheiden, welche Tätigkei-ten und Inhalte tatsächlich zu einer Kompetenzerweiterung beitragen und welche nicht.[19] Als Gruppengröße sind 4–5 Teammitglieder ideal (vgl. the eduScrum team 2020, S. 12) und als Lehrmethoden eignen sich hierfür u. a. Gruppenpuzzle, Fallanalysen, Lernstationen, Planspiele oder World Café.[20]

Zwei Techniken aus dem agilen Projektmanagement bieten sich zur Unterstüt-zung der Projektteams in der Lehre besonders an: Erstens können die einzelnen Iterationen der Gruppen strukturiert werden, indem mit Task Boards gearbei-tet wird. Eine typische Klage von Studierenden beim Team Work ist, dass die Arbeit ungleich verteilt wird (nach dem Motto: Team steht für „Toll, ein anderer macht's!"). Über Task oder Kanban-Boards können sich die Studierenden die Arbeit in kleinere Aufgaben zerlegen und so untereinander aufteilen, dass alle Teammitglieder involviert sind. Jede Aufgabe wird auf einem Post-it visualisiert und auf einem Blatt mit einer Tabelle geheftet – je nach Bearbeitungsstand in eine von drei Spalten: ‚To-do', ‚Doing' und ‚Done'. Jedes Teammitglied ist für bestimmte Aufgaben verantwortlich, sodass sie von ‚To-Do' nach ‚Done' wandern (vgl. Preußig 2015, S. 80; Mayrberger 2020, S. 326).

---

[18] Vgl. zum Zusammenhang zwischen Selbstbestimmung, sozialer Umwelt und Lernmotiva-tion die Selbstbestimmungstheorie nach Deci und Ryan (1993).

[19] Vgl. zum Thema, wie mit einer großen Stofffülle umzugehen ist und diese über die „Siebe der Reduktion" (Antosch-Bardohn et al. 2019, S. 161) eingegrenzt werden kann, das entspre-chende Kapitel in Antosch-Bardohn et al. (2019, S. 158–164).

[20] Zu diesen und weiteren Lehrmethoden vgl. Macke et al. (2016, S. 196–306).

Eine entsprechende Vorlage eines Task Boards kann in Papierform erstellt werden oder aber mittels eines digitalen Werkzeugs: Trello oder Asana sind zwei der bekannteren kostengünstigen Tools; DSGVO-konforme Alternativen sind factro oder MeisterTask[21] (letzterer ist ein Anbieter, der auch kostengünstige Accounts für den Bildungsbereich anbietet).

Neben diesem Mittel zur Prozessorganisation kann man den Studierenden auch Analysetools, Leitfragen, Leitfäden und Checklisten an die Hand geben, um Unterstützung zur wissenschaftlichen Bearbeitungsmethodik zu liefern, wie beispielsweise ein Schema zur Analyse lyrischer Texte oder eine Checkliste mit Vorgaben, was beim Lesen von Sekundärliteratur zu erfassen ist.[22] Auch digital lässt sich ein Arbeitsauftrag im Team sinnvoll anleiten, indem die Recherchearbeit zu einem Thema (beispielsweise die Hintergrundrecherche zu einem romantischen Gedicht) über die Methode der WebQuest vorstrukturiert wird. Den Studierenden wird hierzu eine Handreichung zur Verfügung gestellt, welche die Anleitung zu folgenden Prozessschritten enthält: in der Einleitung wird mittels Storytelling Interesse für die zu leistende Aufgabe geweckt, die im zweiten Schritt erklärt wird. Danach werden Hinweise zum Bearbeitungsprozess der Aufgabe und den zu verwendenden Web-Ressourcen gegeben. Die Ergebnisse werden dann im Plenum präsentiert und abschließend wird in einer Reflexionsphase der vergangene Arbeitsprozess evaluiert (vgl. Bett 2020, S. 14 f.).[23]

Grundsätzlich gilt: das Visualisieren und Dokumentieren von Arbeitsprozessen und -ergebnissen ist wichtig, um das studentische Lernen zu fördern und sollte von der Lehrperson durch Handreichungen oder die entsprechenden Online-Tools unterstützt werden.

Die zweite agile Technik, von der die Studierenden profitieren können, betrifft die Organisation der Teamkommunikation. Um den Austausch der Teammitglieder sicherzustellen, kann – neben den Reviews und den Retrospektiven im Plenum – eine Form von Daily-Standup-Meetings durchgeführt werden. In diesen kurzen informellen Meetings im Stehen soll innerhalb von 15 min der aktuelle

---

[21] Vgl. hierzu die entsprechenden Anbieter im Netz: https://trello.com/ (letzter Zugriff: 25.01.2024), https://asana.com/de (letzter Zugriff: 25.01.2024), https://www.factro.de/ (letzter Zugriff: 25.01.2024), https://www.meistertask.com/de (letzter Zugriff: 25.01.2024).

[22] Bei Interesse kann Beispielmaterial von der Autorin zur Verfügung gestellt werden.

[23] Weiteres zur Methode WebQuest findet sich in Bett 2020 und auf der Homepage des Erfinders der Methode Bernie Dodge der San Diego State University: http://www.webquest. org/index.php (letzter Zugriff: 17.09.2024: z.Z. in Überarbeitung; alternativ finden sich weitere Informationen auf der Homepage von Tom March, der mit Dodge gemeinsam an dem Thema WebQuest arbeitet: https://tommarch.com/strategies/webquests/ (letzter Zugriff: 25.01.2024).

Bearbeitungsstand der eigenen Aufgaben täglich reflektiert werden (vgl. Preußig 2015, S. 82). Alle zwei bis drei Tage wären für die studentischen Teamarbeiten ausreichend und während ein regelmäßiges Treffen in Präsenz nicht für alle Studierenden umsetzbar ist, kann durch die digitalen Medien eine derartige Veranstaltung leicht online abgehalten werden. Hierzu kann entweder der virtuelle Seminarraum genutzt werden[24] oder den Studierenden freigestellt werden, über welche digitale Plattform sie ihr Meeting durchführen wollen. Alternativ könnte auch ein ‚virtuelles Treffen' auf textlicher Basis erfolgen, indem man zum Beispiel über einen Live-Chat im Lernmanagementsystem kommuniziert. Auch für die Dokumentation der Treffen in Form der Task Boards und für die unterstützenden Handreichungen kann ein Lernmanagementsystem verwendet werden, indem man den Studierenden z. B. Gruppenforen oder bestimmte Dateiordner in Moodle bzw. externe Tools wie CryptPad, Conceptboard oder Padlet bereitstellt.[25]

3   Fazit: Von Plandidaktik über agile Hochschullehre zur Tradinnovation

Eine – vielfach geforderte – studierendenzentrierte und kompetenzorientierte Hochschullehre kann unter den bestehenden Gegebenheiten einer internationalisierten und digitalisierten Hochschullandschaft nicht mehr einfach so ‚nebenbei' – neben der Forschung – realisiert werden. Da es sich bei der Lehre ebenso wie bei der Forschung um ein komplexes Geflecht aus Erfahrung und Kompetenzen, wie Kommunikation, Führung, Selbstreflexion, Vermittlung, Didaktik, Planung, Methodik, Technik, Zeitmanagement, Präsentation, wissenschaftliches Arbeiten und Schreiben u.v.m. handelt, muss ihrer professionellen Umsetzung genügend Zeit eingeräumt werden. Nur wer sich voll auf die Lehre konzentriert und konzentrieren kann, kann sie kreativ gestalten und somit als Berufung begreifen.

---

[24] Wenn mehrere Teams im Kurs diese Form nutzen wollen, sollten alle Teams einen fixen Zeitslot zugewiesen bekommen, der am besten nach 20 min endet. Der Lehrende muss zu diesen Meetings gar nicht online sein, wenn der virtuelle Seminarraum auch zwischen den Kurszeiten zugänglich ist. Dabei ist lediglich auf Überschneidungen mit anderen Veranstaltungen zu achten. Alternativ könnte man die Meetings auch für alle Teams parallel über verschiedene Breakout Rooms im virtuellen Seminarraum organisieren.

[25] Vgl. die entsprechenden Tools auf folgenden Internet-Seiten: https://cryptpad.fr/ (letzter Zugriff: 25.01.2024), https://conceptboard.com/ (letzter Zugriff: 25.01.2024), https://padlet. com/ (letzter Zugriff: 25.01.2024). Eine Alternative zu Padlet ist Taskcards – ein deutscher Anbieter für Lehrende: https://www.taskcards.de/ (letzter Zugriff: 25.01.2024).

Die Lehre nach agilen Prinzipien kann einem derartigen Lehrverständnis helfen, indem durch sie eine kontinuierliche Nähe zu den Studierenden realisiert und ständig auf deren Lernbedarfe eingegangen werden kann. Mittels der Digitalisierung kann zusätzlich der kontinuierliche Kontakt zu den Studierenden und unter den Studierenden zwischen den Präsenzveranstaltungen aufrechterhalten werden. Anstatt ein bloßes ‚Lernen auf Distanz' zu sein, kann das digitale Lernen in diesem Setting Distanz und Kontaktlosigkeit während der Nicht-Präsenzphasen überbrücken und somit sein wahres Potenzial entfalten. Aber genauso wie eine rein digitale Lehre eine Kontakt in Präsenz nicht ersetzen kann, ist auch eine rein agile Hochschullehre weder durchführbar noch wünschenswert: die Wahrheit liegt wie so oft in der Mitte – in diesem Fall zwischen Agilität und Planung, zwischen Präsenz und Digitalität. Eine ausgewogene, an den jeweiligen Lernzielen, Methoden und Prüfungen orientierte Mischung wäre somit das Ziel, indem traditionelle Plandidaktik und innovative agile Didaktik sinnvoll miteinander verknüpft werden. Der vorliegende Beitrag soll eine kleine Inspiration sein, diese Idee von Tradinnovation in der Lehre umzusetzen, sodass – wie in Mr. Keatings Klasse – inspirierte Studierende vor Begeisterung auf die (virtuellen) Bänke springen.

Literatur

Anderson, Lorin W. und David R. Krathwohl (Hrsg.) 2001. *A taxonomy for learning, teaching, and assessing: A revision of Bloom's Taxonomy of Educational Objectives.* New York: Longman.

Antosch-Bardohn, Jana, Barbara Beege und Nathalie Primus. 2019. *In die Lehre starten. Ein Praxisbuch für die Hochschullehre.* Paderborn: Ferdinand Schöningh.

Arn, Christof. 2017. *Agile Hochschuldidaktik.* 2. überarb. Aufl. Weinheim: Beltz Juventa.

Beck, Kent et al. 2001. *Manifest für Agile Softwareentwicklung.* https://agilemanifesto.org/iso/de/manifesto.html. Zugegriffen: 24. September 2021.

Bett, Katja. 2020. „WebQuest – eine Methode, die Lernen und Arbeiten in virtuellen Gruppen erfolgreich macht." In Impulse für Digitale Strategien im Training. Hrsg. GABAL e.V. Buchreihe *Impulse für digitale Lehr- und Lernformate im Training und in der Weiterbildung* 11. Hrsg. GABAL e.V. Offenbach: Jünger Medien, 12–19.

Biggs, John. 1996. Enhancing Teaching Through Constructive Alignment. *Higher Education* 32, 3 (Oktober): 347–364.

Bloom, Benjamin S. (Ed.). 1956. *Taxonomy of educational objectives: The classification of educational goals. Handbook 1: Cognitive domain.* New York: David McKay.

Brendel, Sabine, Ulrike Hanke und Gerd Macke. 2019. *Kompetenzorientiert lehren an der Hochschule.* Opladen und Toronto: Barbara Budrich.

Deci, Edward L. und Richard M. Ryan. 1993. Die Selbstbestimmungstheorie der Motivation und ihre Bedeutung für die Pädagogik. In *Zeitschrift für Pädagogik* 39 (2): 223–238. URN: urn:nbn:de:0111-pedocs-111739. Zugegriffen: 28. September 2021.

Deutscher Hochschulverband. 2019. *Zur Lehrverpflichtung von Wissenschaftlerinnen und Wissenschaftlern an Universitäten.* Resolution des 69. DHV-Tages 2019 in Berlin. https:// www.hochschulverband.de/positionen/presse/resolutionen. Zugegriffen: 20. September 2021.

Dinsleder, Cornelia. 2012. Die Herausbildung von professionellen Selbstverständnissen bei Hochschullehrenden. Fallstudien zur Entwicklung von Lehrdispositionen in der Berufsbiographie. In *Lernwelt Universität: Entwicklung von Lehrkompetenz in der Hochschullehre.* Hrsg. R. Egger und M. Merkt. Wiesbaden: Springer VS, 101–124.

the eduScrum team. 2020. *The eduScrum Guide: "the rules of the Game."* Version 2.0 update - January 2020. https://eduscrum.org/how-eduscrum-works/. Zugegriffen: 27. Oktober 2021.

Gálvez, Crisitán. 2012. *30 Minuten Storytelling.* 4. überarb. Aufl. Offenbach: GABAL.

Gundermann, Angelika. 2016. *Lernziele und Lernergebnisse.* wb-web. Kompetenz für Erwachsenen- und Weiterbildner/innen. www.die-bonn.de/wb/2016-lernziel-01.pdf. Zugegriffen: 21. September 2021.

Kantereit, Tim et al. 2021. *Agilität und Bildung. Ein Reiseführer durch die Welt der Agilität.* Visual Ink Publishing. https://visual-books.com/agilitaet-und-bildung/. Zugegriffen: 26. September 2021.

Krathwohl, David R. 2002. A Revision of Bloom's Taxonomy: An Overview. In *Theory into Practice.* 41 (4): 212–218. www.depauw.edu. https://www.depauw.edu/files/resources/krathwohl.pdf. Zugegriffen: 28.09.2021.

Macke, Gerd, Ulrike Hanke, Pauline Viehmann-Schweizer und Wulf Raether. 2016. *Kompetenzorientierte Hochschuldidaktik. Lehren – vortragen – prüfen – beraten.* 3., völl. überarb. und erw. Aufl. Weinheim und Basel: Beltz.

Mayrberger, Kerstin. 2020. „Agilität als Motor für Transformationsprozesse in der Lehrentwicklung – Digitalisierung von Lehren und Lernen partizipativ gestalten, erproben und verankern." *Vom E-Learning zur Digitalisierung Mythen, Realitäten, Perspektiven.* Hrsg. Reinhard Bauer et al. Münster und New York: Waxmann, 320–337.

Multiplikatoren-Projekt am Schreibzentrum der LMU München: Integration von Schreiben in die Lehre. 2018. *Integration von Schreiben in die Lehre. Kleine Methodensammlung.* www.schreibzentrum.fak13.uni-muenchen.de. http://www.schreibzentrum.fak13. uni-muenchen.de/lehrende/methoden/index.html. Zugegriffen: 24. September 2021.

Mordhorst, Lisa. 2018. Niederlande. Flächendeckend, verpflichtend, individuell. In *PRAXIS spotlight international. 08/2018.* 66–71.

Preußig, Jörg. 2015. *Agiles Projektmanagement.* Scrum, Use Cases, Task Boards & Co. Freiburg: Haufe. E-Book. www.wiso-net.de. Zugegriffen: 07. Oktober 2019.

Schädlich, Birgit. 2009. Literatur Lesen Lernen. Literaturwissenschaftliche Seminare aus der Perspektive von Lehrenden und Studierenden. Eine qualitativ-empirische Studie. Buchreihe *Gießener Beiträge zur Fremdsprachendidaktik,* Hrsg. Lothar Bredella et al. Tübingen: Gunter Narr.

Scheuermann, Ulrike. 2011. *Die Schreibfitness-Mappe. 60 Checklisten, Beispiele und Übungen für alle, die beruflich schreiben.* Wien: Linde international.

Sontheimer, Sabrina. 2019. *"There is more to it than meets the eye* – Literaturwissenschaftliche Seminare jenseits von Referaten." In Methoden in der Hochschullehre. Interdisziplinäre Perspektiven aus der Praxis. Hrsg. Jörg Noller, Christina Beitz-Radzio, Daniela Kugelmann, Sabrina Sontheimer und Sören Westerholz. *Buchreihe Perspektiven der Hochschullehre.* Hrsg. Patricia Arnold et al. Wiesbaden: Springer VS, 221–238.
Sontheimer, Sabrina. 2021. "Schreiben lehren, begleiten, initiieren: Ein Modell zur multidimensionalen Entwicklung studentischer Schreibkompetenzen." Studierendenzentrierte Hochschullehre. Von der Theorie zur Praxis. Hrsg. Jörg Noller, Christina Beitz-Radzio, Daniela Kugelmann, Sabrina Sontheimer und Sören Westerholz. *Buchreihe Perspektiven der Hochschullehre.* Hrsg. Patricia Arnold et al. Wiesbaden: Springer VS, 93–114.
Spiekermann, Annette, Daniela Seybold und Ellen Taraba. o.J. „Kontinuierliche Lernstandserfassung. Mithilfe alternativer Prüfungsformate den Kompetenzerwerb der Studierenden überprüfen." In *Handreichungen zum Einsatz alternativer Prüfungsformate.* ProLehre Technische Universität München Carl von Linde Akademie. 2–3. www.prolehre.tum.de/prolehre. https://www.prolehre.tum.de/fileadmin/w00btq/www/Angebote_Broschueren_Handreichungen/Alternative_Pruefungsformate_Sammlung.pdf. Zugegriffen: 28. September 2021.
Stern, Detlef. 2019. Agiles Studieren. Eine Einführung für Dozenten. *Buchreihe essentials.* Wiesbaden: Springer Gabler. https://doi.org/10.1007/978-3-658-23365-5. Zugegriffen: 01. November 2021.
Sturm, Nico und Heike Rundnagel. 2021. „Agiles Lernen digital gestützt: Die Methode *eduScrum* in der Hochschullehre." In *Digitalisierung in Studium und Lehre gemeinsam gestalten Innovative Formate, Strategien und Netzwerke.* Hrsg. Hochschulforum Digitalisierung. Wiesbaden: Springer VS, 577–598. https://doi.org/10.1007/978-3-658-32849-8. Zugegriffen: 17. November 2021.
Wampfler, Philippe. 2019. Agil lehren – im Netz, an der Schule, an der Uni. Ein Gedankenanstoß. *Schule Social Media.* https://schulesocialmedia.com/2019/06/03/agil-lehren-im-netz-an-der-schule-an-der-uni-ein-gedankenanstoss/. Zugegriffen: 29. Oktober 2021.
Weir, Peter. 1989. *Dead Poets Society.* Touchstone Pictures. DVD.

Dr. Sabrina Sontheimer hat an der Ludwig-Maximilians-Universität München Englische Literaturwissenschaft, Deutsche Linguistik und Theaterwissenschaft studiert und dort im Fach Englische Literaturwissenschaft promoviert. Seit 2017 ist sie freiberufliche Trainerin für Hochschuldidaktik, E-Learning, Kommunikation und Wissenschaftliches Schreiben. Sie ist Live-Online-Trainerin und hat das Zertifikat Hochschullehre der Bayerischen Universitäten in der Vertiefungsstufe inklusive Train-the-Trainer-Ausbildung erworben. Seit 2022 ist sie am Schreibzentrum der LMU für die schreibdidaktische Fortbildung der Lehrenden und den Bereich Wissenschaftliches Schreiben mit KI zuständig.

Printed by Printforce, the Netherlands